Felicitas Betz · Heilbringer im Märchen

Felicitas Betz

Heilbringer
im
Märchen

Einübung
in schauendes Denken

Kösel-Verlag

Hinweis

*Die Märchen, die in diesem Buch gedeutet werden,
hat Felicitas Betz für eine Cassette erzählt:
Felicitas Betz erzählt Märchen. Cassette zum Buch
»Heilbringer im Märchen. Einübung in schauendes
Denken«. Kösel-Verlag, München 1989.
Bestell-Nummer 3-466-45334-8.*

CIP-Titelaufnahme der Deutschen Bibliothek

Betz, Felicitas:
Heilbringer im Märchen : Einübung in schauendes Denken /
Felicitas Betz. – München : Kösel, 1989
ISBN 3-466-36327-6

Gesamtherstellung: Kösel, Kempten.
Umschlag: Elisabeth Petersen, Glonn.
ISBN 3-466-36327-6

Inhalt

HINFÜHRUNG

1. Heilserwartung heute und immer

Wenn die ganze Welt aufhorcht: Wer wird Präsident in den USA? – so verbergen sich hinter dem Interesse der Zeitungsleser, Rundfunkhörer und Fernseh-Zuschauer heimliche Hoffnungen: Wird er ein Heilbringer sein?

Wenn wir alle fast bebend den Kurs von *Michail Gorbatschow* verfolgen, hängt das mit der menschlichen Ursehnsucht zusammen: Wenn er doch ein heilbringender Retter wäre, für Rußland, den Ostblock und die ganze Welt!

Wenn irgend jemand aufsteht, der mit genügend Faszinationskraft begabt ist, so kann er damit rechnen, daß sich ihm viele Menschen zuwenden, ob er nun Meditation anbietet, die gerade opportun ist, oder ein Parteiprogramm, ob er sich für »*den* Frieden« engagiert oder eine neue Sportdisziplin, er wird – mindestens eine Zeitlang – die Gemüter bewegen oder sogar erhitzen. Warum? Weil wir alle das Ungenügende in unserer Weltsituation spüren und stets nach irgend jemand Ausschau halten, der ein Retter sein könnte oder nach irgend etwas, das sich vielleicht als eine – wenigstens partielle – Besserung erweisen könnte.

Seit die Menschheit zu Bewußtsein erwacht ist, erlebt sie ihren Zustand als unbefriedigend. Die erlebbare Wirklichkeit und die innere Vorstellung von Welt und Menschenleben klaffen auseinander. Die Sehnsucht richtet sich auf Harmonie, Glück, Ganzheit, Wohlsein. Was aber real erfahren wird, ist weit von einem paradiesischen Zustand entfernt. Wir selbst sind zerrissen, von einander widerstrebenden Antrieben geleitet, die Weltbedingungen sind uns immer wieder feindlich. Was immer auch wir erfinden und versuchen, welche Anstrengungen wir unternehmen, der Paradieszustand auf sozialer, wirtschaftlicher, psychischer, politischer oder welcher Ebene immer, stellt sich nicht ein. Den Tod und damit unsere Vergänglichkeit können wir nicht abschaffen; Ungerechtigkeit, Hunger und Not höchstens mildern, unsere gespannte Seelenlage zwischen Lieben und Hassen, Wahrhaftigkeit und Lüge, zwischen Gut-Wollen und Böses-Bewirken können wir nicht ins Reine bringen, so sehr wir uns auch mühen mögen. So leiden wir und machen einander leiden.

Merkwürdigerweise ist aber die Hoffnung auf ein Ende dieses unseligen Zustands nicht auszurotten. Wenn sie nicht von religiösen Kräften getragen wird, hängen wir uns an rationalistische, sozialistische, kommunistische, nationalistische oder irgendwelche andere Konzepte, die eine *Neuordnung* versprechen und unsere Heilshoffnung nähren.

Hoffnung muß in uns angelegt, ein sinnvolles Ziel der Menschheitsentwicklung in uns einprogrammiert sein, sonst würden wir alle nicht täglich neu den Kampf mit unserem Weltschicksal aufnehmen. Dieses Hinleben auf ein Besseres, diese Gewißheit, daß ein Heilendes in Gang ist, scheint die Menschheit schon seit ihren Anfangen bestimmt zu haben. Die vielen mythischen Zeugnisse von Helden- und Rettergestalten, die diesen Prozeß auf ein Heilsziel hin stückweise vorangebracht haben, zeigen das deutlich auf. Auch in vielen Märchen haben sich solche *Retter*-Schicksale noch erhalten. Weil sie nicht in religiöser Verbrämung erscheinen, fällt uns das nicht weiter auf. Aber es lohnt sich, das Augenmerk darauf zu richten. Ob wir nicht vielleicht aus der – heute nicht mehr beachteten – einstmals mündlichen Tradition, die sich aus dem früher Geschehenen herausgeschält und in Erzählform erhalten hat, Hinweise für die Gegenwart erhalten? Leben hat so seine Grundmuster, und es scheint deren nicht einmal auffallend viele zu geben. Sie sind wie geistige Figuren, die in immer neuer Einkleidung die jeweilige Geschichte als lebendiges Geschehen mitbestimmen.

In diesem Buch wird der Versuch unternommen – von vier Märchen aus –, dem Grundmuster heilenden, d. h. verändernden Geschehens nachzugehen. Offensichtlich haben alle Völker auf der Erde solchen Wandel erkannt und bejaht. Sie haben jedenfalls nicht aufgehört, davon zu erzählen, wie von Epoche zu Epoche die Entwicklung weiter- und einem noch nicht zu ergründenden Ziel entgegengeht. Es hat ihnen Mut gemacht, die Botschaft weiterzugeben, daß immer wieder Frauen und Männer aufgestanden bzw. *erschienen* sind, die in der Lage waren, ihren Zeitgenossen Wege zu eröffnen, die durch die damalige Problemlage hindurchführten.

Der jeweilige Protagonist in einem Märchen – also die Märchenheldin oder der Märchenheld – ist häufig ein solcher Heilbringer, der für eine Sozietät eine Tür in die Zukunft aufgestoßen hat, so daß die Menschen es wagen konnten, etwas, das noch nie dagewesen war, zu tun. Wir dürfen uns diese Rettergestalten im Märchen nicht als konkrete Einzel-Personen vorstellen. Im Märchen sind sie eher als *Figuren* zu sehen. Denn bevor es eine individuelle Entwicklung gab, wie sie uns heute selbstverständlich ist, sind die einzelnen Heilbringer in der Schau zu einer Kollektivgestalt verschmolzen, von der dann immer weiter erzählt worden ist, damit das Geschehene als »Geschichte« erhalten bleibt und nicht aus dem Gedächtnis gelöscht wird. Erzählen war ja einst – in schriftloser Zeit – so bedeutend, weil es die einzige Möglichkeit von Bewahrung dessen war, was sich ereignet hatte. Ja, es konnte die vergangenen Ereignisse so beschwören, daß die *Zeit* sich gewissermaßen aufriß und den Hörenden Partizipation an dem Geschehenen gewährte: es kam in die Gegenwart. Und alle konnten es wieder erleben.

2. Unser vitales Interesse am Heilbringer

Die Geschichte der Welt – und damit die Geschichte der Menschheit – ist ein lebendiger Prozeß, der in Wellen abläuft. Diese Rhythmen werden von Mächten bestimmt, zu denen wir keinen Zugang haben. Die Welt wird von Kräften vorangetrieben, die uns in ihren Griff nehmen – uns bleibt nur die Möglichkeit, auf rechte oder unrechte Weise mitzumachen. Wenn wir gerade den zweihundertsten Jahrestag der Französischen Revolution begehen, dann schauen wir auf einen solchen Wellenberg zurück, den nicht nur Menschen denkerisch erfunden haben, sondern der auch von unsichtbaren Kräften vorbereitet und schließlich aufgetürmt worden ist. Wer damals gelebt hat, sah sich schicksalsmäßig gepackt, fand sich schicksalsmäßig auf der einen oder anderen Seite vor. Und im Aufwallen der Gemüter war gewiß nicht leicht, das je angemessene Verhalten zu finden.

Die Astronomen der orientalischen Hochkulturen haben längere und kürzere Welt-Bewegungen mit dem Sterngeschehen am Himmel zusammengebracht. So sind ganze Kulturepochen mit Tierkreiszeichen identifiziert worden. Aus archäologischen Funden läßt sich erkennen, daß zum Beispiel das Bild vom Stier lange Zeit die Menschen bewegt hat, weil in ihm die gesamte kulturelle Strömung ansichtig wurde, von der die Menschen sich damals getragen fühlten. Solche Zeichen wie das von der Schlange, vom Stier, vom Widder haben eine Epoche lang Faszination ausgeübt und sind dann verschwunden und von anderen abgelöst worden. Was ein solcher Umschwung der geistigen Kräfte aber tatsächlich für die Menschen bedeutet hat, können wir nur ahnen und aus knapper Erzählung noch den Mythen und manchen Märchen entnehmen. Kulturrevolutionen großen Ausmaßes müssen sich da ereignet haben, die die Menschen in Aufruhr und Kampfsituationen gebracht haben mögen.

Im Gilgamesch-Epos wird erzählt, wie Gilgamesch – der König und Repräsentant einer Stadtkultur – mit Enkidu – dem unzivilisierten Naturmenschen, der mit ungezähmten Tieren zusammenlebt, mit ihnen Gras frißt und zur Tränke geht – in gemeinsamer Tat den Himmelsstier tötet. »Ich packte den Stier, der vom Himmel herabkam, erschlug ihn«, so lapidar hört sich im Epos an, was einen Kulturumschwung ausmachte, der vielleicht Jahrhunderte gedauert hat. Aber ein Heldenname steht für diese Tat und für die vielen *Helden*, die der neuen Idee zum Durchbruch verhalfen, indem das Inbild der abgelebten Kultur »umgebracht« worden ist.

Ein ähnliches Geschehen wird im folgenden Märchen *Der Bärensohn* erzählt. Der *Bärenalte* wird *erschlagen*, weil seine Zeit vorbei ist. Sein *Sohn* vollbringt diese Heldentat und eröffnet damit einen Weg für den Beginn einer neuen Kult-Epoche. Das Märchen *Die Mos-Frau* hält erzählend fest, wie eine Frau als Heilbringerin erlebt wird. Sie wird dazu bestimmt, dem Volk den Tod der *Bärenmutter* als Ereignis am Himmel zu verkünden. Die Bärin ist nun verstirnt und leuchtet in sieben Sternen vom Himmel herab. Diese Bewußtseinserweiterung – so wird erzählt – »macht das Volk gesund und glücklich«.

Mythos wie Märchen vermitteln von solchen Ereignissen immer, daß sie notwendig sind. Im Märchen *Die Mos-Frau* sagt die Bärenmutter ausdrücklich: »Gott Torem hat meinen Tod bestimmt, davon kannst auch du mich nicht erlösen.« Wenn die Zeit gekommen ist, so mögen »die Toten die Toten begraben«. Das ist ein Jesuswort, das für die gleiche Welt-Situation gilt. Der Heilbringer ist derjenige, der das Ende des Alten bezeugt und sichtbar macht und das Neue, das im Kommen ist, ankündigt und die neu zu begehenden Wege aufzeigt.

Es ist kein Geheimnis, daß wir uns heute in einer ebensolchen Wendephase befinden. Vor zweihundert Jahren hat sie zum erstenmal deutlich Wellen geschlagen, und seitdem ist der geistige Umschwung immer deutlicher geworden.

Und doch wissen wir heute immer noch nicht genau, was Künstler wie *Wassily Kandinsky, Franz Marc, Paul Klee, Alexej von Jawlensky, Marc Chagall* und andere *ansichtig* gemacht haben, als sie kurz vor dem Ersten Weltkrieg mit ihrem Malen in eine Explosion hineingerissen wurden, die eine neue Epoche ankündigte. Inzwischen haben zwei Weltkriege stattgefunden, die revolutionäre Folgen hatten. Wir sind in ein neues Weltzeitalter befördert worden, ohne recht zu wissen wie. Und obwohl wir mitgeholfen haben, dem neuen Geist zum Durchbruch zu verhelfen, können wir doch nicht genau durchblikken, was tatsächlich geschehen ist und weiterhin geschieht.

Der Stuttgarter Psychotherapeut und Kulturphilosoph *Wolfgang Giegerich* versucht, den Umbruch – den er die »Umstülpung des Seins« nennt – in einem Bild anschaulich zu machen: Noch vor zweitausend Jahren hat die Natur mit all ihren Schrecken den Menschen umzingelt. Er mußte sich vor ihr schützen und sehen, wie er mit ihrer Wildheit zurechtkam. Heute hat der Mensch die Natur umzingelt. Die einst Schreckliche ist ein Zoo geworden, den kein Mensch mehr zu fürchten braucht. Wo aber ist die Schrecklichkeit abgeblieben? Er antwortet, sie habe sich auf kleinem Raum verdichtet: in der Atombombe ist sie gewissermaßen gefangen wie der »Geist in der Flasche«.

Giegerich gehört zu den Menschen, die im Fortschreiten der technischen Möglichkeiten das Wirken göttlichen Geistes erblicken, der sein Ziel verfolgt: die Welt soll fortschreiten von der Naturwelt in eine geistige Welt der Künstlichkeit. Er stellt fest, daß wir alle noch nicht sehen können und wollen, was wirklich passiert. Wir sind blind, weil wir nur mit unserem bewußten Ich sondieren, unser nicht-bewußtes »Ich« aber schlafen lassen. Die göttlichen Kräfte aber, die die Welt vorantreiben, wirken über jenes Unbewußte, über unser »Zweites Subjekt«, wie er es nennt (im Gegensatz zum »Ersten Subjekt«, mit dem er das bewußte Ich einer Persönlichkeit meint).

So erleben wir unsere Welt gespalten. Wir bedienen uns zwar alle der Technik, verschließen aber die Augen davor, was sie für unser – von irrationalen Kräften angetriebenes – »Zweites Subjekt« bedeutet. Auch unser Bildungssystem setzt weiterhin einseitig auf die Ausbildung des »Ersten Subjekts«, so daß Blindheit für Unbewußtes noch lange vorprogrammiert bleibt. Dennoch macht sich eine Reaktion bemerkbar, als Hinwendung zum Archaischen und Mythischen: Leben ist eben nicht unterzukriegen. Wahrscheinlich wittert unser gemeinsames »Zweites Subjekt« Energien im archaischen Feld, welche die Verbindung zwischen beiden Bewußtseins-Seiten befördern könnten. Denn auf diese Ökologie zwischen Bewußt und Unbewußt scheint es immer mehr anzukommen. Religiös gesehen geht es um die Versöhnung oder um die Verbindung – bildlich: um die Hochzeit – zwischen Menschengeist und Gottesgeist, zwischen abrufbarem menschlichen Geist und geschenktem göttlichen. In diesem Spannungsgeflecht – der nicht als Spaltungskonflikt ausarten sollte – wird für uns immer wichtiger, daß wir *unseren* Gilgamesch entdecken, der den heutigen »Stier bei den Hörnern packen« und erschlagen kann. Was ist heute »abgelebter Kult«? Wer ist autorisiert, uns das zu zeigen? Wer kann ihn sinnvoll beenden, indem er uns neu einweist? Und was ist das noch Unbekannte, das heraufgeführt und für eine Spanne Zukunft installiert werden muß, bis der nächste Umschwung dran ist?

Haben Märchen da etwas zu sagen?

Selbst wenn letzteres nicht der Fall wäre, so läßt sich von Märchen her – aus der Rückschau auf Jahrtausende und aus der Vogelperspektive gesehen – festhalten: Wandel der Vorstellungen von Gott und Wandel in seiner Verehrung sind kein Sakrileg, sondern in bestimmten Weltaugenblicken eindeutig göttliches Gebot. Denn nicht wie ein Götze thront die Gottheit, unveränderlich jenseits der Zeiten, nein: Sie selbst treibt den Weltenlauf voran und fällt uns nicht von hinten an, sondern kommt uns von vorn entgegen: aus dem, was gerade geschieht, aus dem, was sich entwickelt hat und sich weiterentwickelt. Ist doch ein lebendiger Gott, der sich nicht zur Ruhe gesetzt hat, sondern seine Schöpfung immer noch weitergestaltet. Er gestaltet sie durch alles, was uns einfällt, durch alles, was wir erfinden, durch alles, was wir mitverändern. Wir dürfen uns als seine *Kinder und Erben* ansehen, als seine Mitarbeiter und Mit-Macher, als Mitgestalter.

Nur eins bringt uns zu Fall: die Einbildung, daß wir alles

autonom können und erfinden und machen – als wären wir in unseren Werken abgeschnitten vom göttlichen Geist, der uns anbläst, damit wir mitwirken.

3. Eine heilende Erfahrung

Im Jahre 1970 ging ich in Hamburg mit einer Einladung zu einer Veranstaltung in ein Studentenheim. Auf dem Abendprogramm war angekündigt: »Märchen für Erwachsene – erzählt von *Vilma Mönckeberg*.« Ich hatte damals eine krisenhafte Zeit zu durchleben. Auf der Fahrt war ich von ambivalenten Gefühlen bestimmt und wirren Gedanken beherrscht, die keine praktikable Lösung in einem Konflikt erkennen ließen. In dieser Verfassung betrat ich den kleinen Saal und hörte eine Stunde lang Volksmärchen. Von den Märchen selbst weiß ich heute fast nichts mehr. Aber unvergeßlich ist mir, daß ich nach dieser Stunde anders war als zuvor. In mir hatte sich etwas gewandelt, so daß ich mir selbst total verändert gegenüberstand: Ich war von den zermürbenden Gefühlen befreit, die quälenden Gedanken waren unwichtig geworden. Ich war nicht mehr deprimiert, sondern heiter, und die Problemlage hatte den Stellenwert eines unüberwindlichen Gebirges verloren. Ich war frappiert: *Was ist das?*
Diese Erfahrung hat so auf mich gewirkt, daß ich mich von jener Stunde an den Volksmärchen neu zugewandt habe. Ich habe in Hamburg sechs Semester lang Vilma Mönckebergs zweistündiges Seminar »Erzählen von Märchen« besucht. Dort mußte ich die Märchen in den Mund nehmen, d. h. laut sprechen, und so angeregt, hat sich mir über die Lautung der stummen Schrift, über die wir heute normalerweise lesend an die Märchen gelangen, die Welt neu erschlossen. Denn wenn sich die Welt auch dauernd fortentwickelt und wenn sie sich auch gehörig verändert hat, seit Menschen angefangen haben, ihre Welt- und Lebenserfahrungen poetisch verdichtet in Mythen und schließlich Märchen weiterzugeben, so sind doch die elementaren Grundfiguren die gleichen geblieben. Sie haben sich im Zuge der Entfaltung des menschlichen Bewußtseins zwar ausdifferenziert und deshalb immer wieder neue »Kleider« angelegt – im Grunde aber ist Liebe eben Liebe und

Haß eben Haß geblieben. Das Verlangen des Menschen, über sich hinauszugelangen hat zu allen Zeiten gelungene wie illusionäre Formen angenommen. Nahrung-Haben hat immer Kraft-Haben bedeutet und Hunger ging immer ans Mark. Nur haben sich für uns die Weisen des Hungerhabens z. B. vervielfacht: vom physischen Existenzbedürfnis über psychisches Zuwendungsbedürfnis bis zu geistiger Ernährung in verschiedensten Schattierungen. Und wir können diese tausend Hungerformen alle in unserem Bewußtsein unterscheiden, so daß sich zwischen dem Steinzeitmenschen und uns folgende Unterscheidung ergibt: Er konnte im Essen die seelische und geistige Sättigung implizite erfahren, während wir so viele bewußte Möglichkeiten zur Sättigung haben, daß erstens nie alle auf einmal gestillt werden können, und wir zweitens vor der Vielfalt nicht recht wissen, was eigentlich am notwendigsten ist und wo wir anfangen sollen. So wie im Apfelkern der ganze Apfelbaum enthalten ist, so konnten einst im Essen alle Weisen der Sättigung miterfahren werden. Wir dagegen essen nebenbei und sind in den verschiedensten Hunger-Bedürfnissen unstillbar. Wie noch die Bibel erzählt, konnte ein Mensch im Liebesvollzug die oder den Geliebten *erkennen* und damit Erkenntnis von der ganzen Welt gewinnen. Uns aber bieten sich hunderttausend Erkenntnisse feil, und wir wissen nicht, wie wir sie unter einen Hut bringen sollen.

In dieser Situation der Zerstreuung und Spaltung und unter dem Druck des zentrifugalen Sogs, dem wir alle ausgesetzt sind, wirken Märchen *sammelnd*. Enthalten sie doch noch die Urfiguren des Welterlebens vor ihrer Explosion in die vielen Teile. Die Zersplitterung bereichert zwar unser bewußtes Leben, und wir wollten nicht darauf verzichten. Aber sie kann uns auch zerreißen. Dieser Zerreißung wirken heute die verschiedensten neu entwickelten Meditationsversuche entgegen. Der Umgang erwachsener Menschen mit Mythen und Märchen muß kein Zurückfallen in eine vorzivilisatorische Bewußtseinshaltung auf der nostalgischen Welle sein. Es kann auch ein zukunftsorientierter Versuch der Sammlung sein, der es uns erleichtert, die Grundstrukturen des Seins – bei aller Vielfalt – nicht aus dem Auge zu verlieren.

Etwas von dieser »Sammlung« muß sich damals, als ich Vilma Mönckeberg beim Märchenerzählen zuhörte, in mir ereignet haben. Die »Sammlung« hat mich einerseits in mich hineingeführt, andererseits hat sie – eben gerade durch dieses *Hinein* – mich aus meinem enggewordenen persönlichen Umkreis herausgeführt und eine Horizonterweiterung bewirkt, in der ich mit Leichtigkeit aus dem Schneckenhaus meiner Schwierigkeiten auszusteigen begann.

4. Heilsame Wirkung von Märchen

Anregung der Imaginationskraft

Märchen sind kein Heilzauber. In vielen Fällen werden sie – scheinbar – nichts bewirken. Dennoch können sie manchmal Erstaunliches in Bewegung bringen.

Die nötige *Sammlung* kann heute nur ein Mensch erfahren, der unter der Zerstreuung und dem zersplitternden Sog an die Peripherie *leidet*, so daß ihm die Besinnung auf seine Mitte als eine Notwendigkeit erscheint. Ich habe seit fünfzehn Jahren in Gruppen eine Methode praktiziert, die eine solche Sammlung bei den »Bildern« ansetzt, deren sich das schauende Denken der Volksmärchen bedient. In diesem Buch sind siebenundzwanzig solcher Bilder aufgeführt und im Zusammenhang mit den vier hier vorgestellten Märchen mit Verständnishinweisen versehen worden. In der Gruppenarbeit geht diesen Hinweisen immer eine Übung voraus, in der die Teilnehmer lernen können, ihre Verspannungen zu vermindern, Gelassenheit zu erwerben und schließlich sich der Gestaltungskraft ihrer Psyche zu überlassen: Nur ein Bild wird vorgegeben, wie z. B. *Berg* oder *Haus* oder *Kleid*. In der Regel erscheint vor dem inneren Auge der Übenden etwas Sichtbares, das häufig auch mit mehr oder weniger starkem Erleben verbunden sein kann. Die Erfahrung zeigt, daß dieser Imaginationsversuch Seelenschichten belebt, die heute kaum mehr von uns beachtet werden. Deshalb bedarf es überhaupt solcher *Übungen*. Diese Erweckung der inneren Bilder kommt einem Frühlingsregen auf ausgedorrtes Land gleich: Sie wirkt erfrischend und verlebendigt die lahmgelegte Psyche.

Es ist wirklich so, daß unsere Art von Zivilisation unsere Seele lähmen kann, wenn wir nicht achtgeben. Denn unsere Seele denkt immer noch in Bildern. Unsere Alltagswelt aber, die wir uns geschaffen haben, verlangt, daß wir abstrakt und in schnell ablaufenden Vorgängen denken können. Möglichst viel im Gedächtnis speichern und abrufen können, schnell denken und reagieren, das sind Eigenschaften, die in vielen Berufen vorrangig verlangt werden. Das Hinablassen auf den Bildergrund unserer Seele aber braucht Muße – es gelingt nicht im Schalttempo von Maschinen und Apparaten.

Deshalb sind viele Menschen heute gezwungen, ihre Denkarbeit möglichst seelenfrei zu betätigen. Seelenbeteiligung würde das Arbeitstempo mindern und auf es störend wirken. Unser Intellekt kann beweglicher reagieren, wenn er nicht mit unserer Seelenlage belastet, sondern von ihr distanziert ist. Das lernen wir alle in unseren Schulen – es ist dies eine Zivilisationstechnik. Sogar unsere Sprache wird immer mehr von bildlosen Kürzeln durchsetzt, wie EDV, EWG, UNO, HIFI etc., sie dienen der Verkürzung unserer begrifflichen Denkart. Wenn unsere Sprache im Großen und Ganzen zwar immer noch in Bildern wurzelt, so sehen und erleben wir doch die Bilder nicht mehr, sondern wissen nur noch, was gemeint ist. Wer z. B. hat eben *Wurzeln* vor seinem inneren Auge gehabt oder gar gefühlt, wie Verwurzeltsein in der Erde sich anfühlt? Uns genügt, daß wir wissen, was das Wort bedeutet, und wir verzichten auf die innere Bilderung. Damit ist aber unsere Seele mit ihrer schöpferischen Imaginationskraft dispensiert. Sie braucht nicht mehr tätig zu werden. Im normalen Umgang wird sie durch die Sprache nicht mehr aufgerufen und gerät damit in die Gefahr, zu verkümmern. Haben wir eine Kindheit durchlebt, in der man uns in den ersten Lebensjahren noch intellektuell unbehelligt ließ und unseren Geist mit Bildern aus Kinderliedern, Kinderreimen und Kindermärchen genährt hat, dann wird das Potential aus der Kindheit weiterwirken und wir werden keinen großen Schaden davontragen. Wie aber sieht die Seelenlage bei Menschen aus, die in dieser Hinsicht schlecht davongekommen sind?

Märchen nun sind »altmodisch«. Sie stammen aus einer Zeit, da die Menschen noch Muße hatten. Es gab keine Hektik. Auch bei schwerer Arbeit ist die Seelenlage gelassen geblieben. Die Sprache fand ihren Ausdruck an dem, was die

Umwelt an sichtbarer Gestalt anbot. So dachte man *schauend*. Das begriffliche Denken war noch nicht entwickelt. Weil die Märchen in bildhafter Sprache erzählen, stehen sie im Gegensatz zu unserer heute üblichen Denkart. Deswegen sind sie für viele Menschen mißverständlich. Deshalb werden sie auch von vielen abgelehnt. Andere dagegen erleben diesen gegensätzlichen Denkansatz heilsam: Ihre seelische Imaginationskraft wird wieder herausgefordert und brachliegende Möglichkeiten beleben sich wieder. Das macht glücklich. Es wirkt heilsam.

Beziehung der Bilder zum göttlichen Weltkonzept

Die heilsame Wirkung leitet sich aber noch tiefer her: Die *Bilder* selbst partizipieren an einem geistigen Konzept, in das auch wir eingebunden sind und an das wir Anschluß gewinnen, wenn wir uns in rechter Weise auf die *Bilder* einlassen. Das klingt fremd und umständlich, ist aber ganz einfach, wenn wir uns z. B. auf die Schau der *Hildegard von Bingen* einlassen. Sie erzählt von einer visionären Schau: »Alles, was Gott gewirkt hat, hatte er vor Beginn der Zeit in seiner Gegenwart. In der reinen und heiligen Gottheit leuchteten alle sichtbaren und unsichtbaren Dinge ohne zeitlichen Augenblick und ohne Zeitablauf vor aller Ewigkeit, so wie sich Bäume und andere kreatürliche Dinge in naheliegenden Gewässern widerspiegeln, ohne doch körperlich in ihnen zu sein, wenngleich ihre Umrisse in diesem Spiegel erscheinen. Als Gott sprach: ›Es werde‹, hüllten sich die Dinge sofort in ihre Gestalt, so wie sein Vorherwissen sie vor der Zeit körperlos geschaut hatte.«
Hildegard von Bingen hat dieses geistige Weltkonzept in Gott sich spiegeln gesehen. In unserem Zusammenhang heißt das, daß alles, was in bildhafter Sprache als *Bild* auftaucht, erstens ein normales geschaffenes *Ding* ist; dieses normale *Ding* ist aber zweitens durch die poetische Verdichtung in Bildrang erhoben worden. Und als *Bild* kann es *durchschaut* werden auf dieses geistige Etwas, das »vor aller Zeit in der reinen und heiligen Gottheit leuchtete«. Von dieser Herkunft im Göttli-

chen haftet allem Sichtbaren ein göttlich-geistiges Gestaltprinzip an, das in ihm zum Ausdruck kommt: dem Frühling z. B. das Prinzip des Treibens, wie wir es an Bäumen, Sträuchern, Wiesen, Blumen sehen, an unserem Blut bemerken. Diese Treibkraft »Frühling« führt zum Blühen, wie es uns jedes Jahr entzückt. Aber jeder Baum, jede Blume, jedes Tier, jeder Mensch, jede Erscheinungsform in der Welt verdankt sich eben einem Urprinzip im göttlichen Sein, das alles so gestaltet, wie es von unseren Sinnen wahrgenommen wird.

Die Wahrnehmung aber kennt verschiedene Stufen, zum Beispiel:

das ist ein Schneeglöckchen
es hat etwas Zartes
seine Wesensgestalt mutet an wie ein Klang
es läßt sich durchschauen
auf vollendete Schönheit im Blühen
auf Vollkommenheit von Kleinem, Weißem, Zartem, Blühendem
es ist eine ewige Botschaft

Ähnlich können wir mit allem verfahren, was es in der Schöpfung Sichtbares gibt. *Jakob Böhme* nennt das »den Dingen ins Herz schauen«. Er hat gewußt, daß die rein naturwissenschaftliche Kenntnis der Dinge für den Menschen nicht ausreicht und formuliert: »Wir Menschen haben noch eine höhere Erkenntnis, wir können den Dingen ins Herz sehen, wes Wesen und Eigenschaft sie seien.«

Teresa von Avila hat die gleiche Erfahrung gemacht wie Hildegard von Bingen. Sie spricht sie folgendermaßen aus: »Einmal, als ich ganz ins Gebet versenkt war, verstand ich in einem Augenblick – ohne etwas Bestimmtes zu sehen, aber es war eine ganz klare Erkenntnis –, daß man in Gott alle Dinge schaut, weil er alle in sich enthält. Ich könnte die Gottheit einem klaren Diamanten vergleichen, viel größer als die ganze Welt. Da er alles umschließt, erblickt man in ihm all unser Tun wie in einem Spiegel.«

Der menschliche Geist besitzt also neben seinen intellektuellen Fähigkeiten auch die Gabe, das Sichtbare auf das zu durchschauen, was es geistig – also vom ewigen Urgrund her – darstellt. Bei diesem Den-Dingen-ins-Herz-Sehen können wir erkennen, was in der »reinen und heiligen Gottheit schon vor aller Zeit leuchtete«. Wir gelangen auf diese Spur, wenn wir nicht in einer Haltung des Sich-bemächtigen-Wollens schauen, sondern in meditativer, das heißt aufmerksam-erwartender Haltung. In dieser Empfänglichkeit sehen wir z. B. nicht nur: »Aha, eine Birke!«, sondern erschauen etwas vom Wesen *Birke* und nehmen damit etwas vom Ur-Bild wahr, das diese Birke gestaltet. Oder wir sehen eine Palme und mit ihr das Wesen von Palme – ganz anders als Birke oder Apfelbaum oder Buche. In dieser Aufmerksamkeit für das geistige Strukturbild, das die Birke zur Birke und die Palme zur Palme, die Alpen zu den Alpen und den Bodensee zum Bodensee macht, bekommen wir eine Ahnung vom ewigen Wesen, das alles durchwebt. Oder wir sehen Kühe auf der Weide und erkennen das Wesen *Kuh*, das sich vom Wesen *Pferd* oder *Hund* oder *Esel* unterscheidet. In dieser Wahrnehmung können wir in die Nähe der Urwirklichkeit geraten, wie sie schon in Gott war, ehe er seine Schöpfung hervorgebracht hat.

Die heilige *Hildegard* hat dieses Phänomen einmal in folgenden Hymnus gebracht, in dem Heiliger Geist spricht:

Ich bin das heimliche Feuer in allem,
und alles duftet von mir;
und wie der Odem im Menschen, Hauch der Lohe,
so leben die Wesenheiten und werden nicht sterben:
weil ich ihr Leben bin.

Ich bin die höchste feurige Kraft,
die alle Lebensfunken entzündet;
ich ordne den Kreis der Dinge im Sein:
erhabenen Fluges ihn umschwebend,
leiht ihm die Weisheit den schönen Schwung.

Ich flamme als göttlich feuriges Leben
über dem prangenden Felde der Ähren;
ich leuchte im Schimmer der Flut,
ich brenne in Sonne, in Mond und Sternen;
im Windhauch ist heimlich Leben aus mir
und hält beseelend alles zusammen.

Übersetzung von *Otto Karrer*

Wir könnten heute fortsetzen: »Ich bin die Sprengkraft in den Atomen. Die radioaktive Strahlung bin ich.« Denn auch die Gebilde von Menschenhand partizipieren am ewigen Schöpfungspotential. Wir können nämlich nichts erfinden, das als Urgestalt nicht schon immer vorhanden wäre. Das Menschenwerk *Haus* und *Tür* und *Fenster* und *Wagen* und *Schwert* existiert – in Bildrang erhoben – schon jahrtausendelang in unserem Unbewußten. Da wir auch von Autos, Flugzeugen und Raketen träumen, hat unsere Psyche auch diese Maschinen als »Bilder« adaptiert. Wenn wir also unsere Blockade vom Bewußtsein her aufgeben, lassen sich alle technischen Apparate in ihrer ungeheuerlichen Ambivalenz auf ihre göttlich-geistige Urfigur durchschauen – sofern wir uns wieder ins schauende Denken einüben und von der Hybris der alleinseligmachenden Intellektualität befreien.

Wolfgang Giegerich beklagt mit Recht, daß wir zwar Atomexplosionen praktizieren, aber immer noch nicht wissen, was sie geistig *bedeuten*. Aber die geistige Bedeutung erschließt sich nur, wenn wir uns im Einvernehmen mit dem Gottesgeist verstehen und unsere eigenen Gebilde auch als etwas ansehen, das letztlich dem »göttlichen Bereich« (Teilhard de Chardin) entstammt oder sich ihm entfernt.

So zeigt sich schließlich, daß es nötig ist, uns in eine Haltung schauenden Denkens einzuüben und daß für diese Einübung gerade alte Stoffe wie z. B. die Märchen geeignet sind. Das archaische schauende Denken gehört zum Fundament, auf dem auch unsere heutige Denkart beruht. Weil unser begriffliches und intellektuelles Denken aber eine Verengung erfahren hat – so wie jede Pyramide auf eine Spitze zuläuft – muß es

24

notwendig in der Bezogenheit zu seinem Fundament bleiben und in die Haltung der Schau zurückfinden, soll es nicht hybrid – und das heißt in der Katastrophe – enden.

Märchen sind poetische Geschichten, die uns unmittelbar zum jahrtausendealten ursprünglich schauenden Denken anregen. Dieses schauende Denken allein schon macht die Märchen »fromm«, weil die Schau ins Wesen der Dinge führt, das die Spur göttlichen Geistes trägt. – Märchen stammen aus einer Zeit, in der das intellektuelle Denken noch nicht ausgeformt war. Heute aber müssen wir, damit wir mit unserer Intellektualität nicht entgleisen, diesen Intellekt in die Spannung schauenden Denkens einbeziehen. Er muß sich in die Beziehung zur Seele bringen lassen, die erkennt, wenn sie *schaut*.

DIE MÄRCHEN

Vorbemerkung
zu den sibirischen Märchen

In den *Märchen der Weltliteratur* aus dem *Eugen Diederichs-Verlag* findet sich unter dem Titel »Sibirische Märchen« eine Sammlung von Märchen zweier verwandter Volksstämme: der Ostjaken und Wogulen. Ihre Sprache gehört nicht zur indogermanischen, sondern zur finnisch-ugrischen Sprachfamilie. Weil sie in West-Sibirien an den Flüssen Ob und Irtysch wohnen, werden sie auch Obugrier genannt. Diese Obugrier standen zwar schon im ersten Jahrtausend n. Chr. mit indogermanischen Völkern in Verbindung, waren aber durch Wesensart, Sprache und vorchristliche religiöse Vorstellungen von diesen abgesondert. Damals hatten einige Stämme von ihnen bereits diesseits des Ural ansehnliche Siedlungen gebaut. Als aber die Moskauer und Novgoroder Fürsten ihren Machtbereich immer mehr nach Osten ausdehnten, zogen sich die Ostjaken und Wogulen in die Taiga hinter den Ural zurück. Sie wohnen bis heute an Ob und Irtysch in Landstrichen, die sich im Winter durch die sprichwörtliche sibirische Kälte auszeichnen und im Sommer in ein schwer begehbares Sumpfgebiet verwandeln, wo sich urwaldähnliche Wälder ausdehnen, die mit Taiga-Gebieten durchsetzt sind. Bis in die Gegenwart – oder mindestens bis an den Anfang unseres Jahrhunderts – meine Informationen sind veröffentlicht in S. Patkanov, 1897, und W. Steinitz, 1939 – haben diese Stämme ihre Sprache, uralte Bräuche und soziale Traditionen und eben auch ihre Märchen in einem weit archaischeren Zustand bewahrt, als es bei europäischen Völkern der Fall ist. Eine Neigung, an herkömmlichen Lebensmustern festzuhalten, eine gewisse Unfähigkeit, abstrakte Denkformen zu entwickeln und vor allem die Abgeschiedenheit in der dünnbesiedelten Gegend mögen die Erhaltung dieser urtümlichen Form begünstigt haben.

Inzwischen sind auch diese Gebiete von der Moderne, von Radio, Fernsehen und den technischen Geräten erreicht worden, so daß auch dort gravierende Veränderungen eintreten. Wer weiß, ob dort noch Märchen erzählt werden. Dank der Faszination, die verschiedene Forscher dort gepackt hat, liegen uns genügend Zeugnisse vor, die es möglich machen, diesen Geschichten nachzuspüren.

1. Der Bärensohn

Ein wogulisches Märchen, im April 1889 in einem wogulischen Dorf aufgezeichnet. Der Erzähler war *Pawel Ignatjitsch*[1].

Einst verbrachten die Tage, die Nächte ein alter Mann und eine alte Frau. Die hatten auch einen kleinen Rübenacker.

Als nun die Rüben zu wachsen begannen, merken sie auf einmal: irgendeinem Dieb sind die Rüben lieb geworden. Kaum wird es dunkel, so maust sich einer Tag für Tag umsonst ein kleines Mahl. Darum spricht eines Abends die alte Frau zu ihrem Mann also: »Alter, mach dich doch auf und späh aus, wer wohl unsere Rüben stiehlt!«

Bei Sonnenuntergang macht sich der Alte auf die Beine, geht zum Rübenacker hinaus und schickt sich an, die Rüben zu bewachen. Er wacht wohl eine lange Zeit, er wacht wohl eine kurze Zeit, da kommt plötzlich ein Bären-Alter auf den Acker und fängt an, die Rüben auszureißen. Der alte Mann springt auf und will den Bären-Alten packen, aber da wird er selbst gepackt, und kaum gepackt, wird er auch schon verschlungen.

Derweil wartet die Frau des Alten auf ihren Mann. Sie wartet und wartet, aber der will nicht heimkommen. Da beschließt die Frau: sie sieht nun selber nach dem Rechten. Sie geht zum Rübenacker hinaus. Doch der Bären-Alte stürzt sich gleich auf sie, packt sie und schleppt sie mit in seine Höhle. Fortan verbringen sie die Tage wie Mann und Frau.

Wie sie so die Tage, die Nächte verbrachten, wurde die Frau bald schwanger, und als ihre Zeit gekommen war, brachte sie einen Sohn zur Welt. Der obere Teil des Kindes, sein Kopf und seine Arme,

[1] Volksmärchen sind lebendiges Wort, dessen Klang gehört werden sollte. Deshalb ist zu diesem Buch eine Cassette erschienen, die – wenn auch über ein technisches Medium – Hören ermöglicht. Dennoch wird hier im Buch nicht auf den Märchentext verzichtet. Er ist jedoch nicht mehr als eine erst zu verlebendigende Notation. Denn Märchen leben ganz wesentlich aus dem Klang der erzählenden Stimme. Sie entbehren daher gewisser bei anderen Texten üblichen schriftstellerischen Mittel, die einer stummen Aufnahme allein über die Augen entgegenkommen. Deshalb empfiehlt es sich, Märchen mehrmals und laut zu lesen.

waren von Menschen-Gestalt, vom Nabel an abwärts aber war er behaart, kurz von Bären-Gestalt.

Von Tag zu Tag wuchs der Sohn der Frau heran. Als er bereits mannbar geworden war, fragte er plötzlich seine Mutter: »Mutter, warum leben wir in der Höhle?«

»Darum, mein Liebling, weil wir nicht von hier fortkönnen. Wenn wir auch nur einen Fuß hinaussetzten, würde uns dein Bären-Vater auf der Stelle erwürgen.«

Eines Tages zog der Bären-Alte fort auf Nahrungssuche. Er zog irgendwo weit im Land umher, da flohen die Frau und der Sohn vor dem Alten. Sie verließen die Höhle und begannen aus dem Wald hinauszulaufen.

Sie liefen wohl eine lange Zeit, sie liefen wohl eine kurze Zeit, plötzlich schauen sie zurück, da sehen sie: der Bären-Alte hat sie schon beinahe eingeholt! Nun riß der Bären-Sohn eine gutgewachsene Birke mitsamt der Wurzel aus und schleuderte sie auf den Bären-Alten, daß der sogleich seine Seele aushauchte.

Die Frau und ihr Sohn besannen sich nicht lange und kehrten zu der alten Hütte der Frau zurück. Dort verbrachten sie fortan die Tage.

Wie sie so die Tage verbrachten, spricht eines Tages der Bären-Sohn zu seiner Mutter also:

»Mutter, ich verlasse dich nun. Ich mache mich auf in ein anderes Land, in eine andere Gegend, ich suche mir eine Frau.«

Kaum hatte der Bären-Sohn das gesagt, so ging er auch schon davon. Er wanderte wohl eine lange Zeit, er wanderte wohl eine kurze Zeit, plötzlich traf er am Wege einen Mann ohne Nase. Der Mann ohne Nase schaute nach unten. Darauf fragte ihn der Bären-Sohn:

»Mann ohne Nase, warum schaust du nach unten?«

Der Mann ohne Nase lauschte gerade dem Gesang der schönen Mädchen in der Unterwelt, aber das wagte er nicht zu sagen, darum antwortete er dem Bären-Sohn also:

»Dort in der unteren Welt hadern mein Vater und meine Mutter schon sieben Jahre lang. Ich horche, wie sie sich zanken. Bären-Sohn, nimmst du mich mit als deinen Gefährten?«

»Komm nur, ich nehme dich mit!« antwortete ihm der Bären-Sohn, und danach wanderten sie zusammen weiter.

Sie wanderten wohl eine lange Zeit, sie wanderten wohl eine kurze Zeit, da trafen sie einen Mann ohne Ohren. Der Mann ohne Ohren schaute immerfort nach oben. Darauf fragte ihn der Bären-Sohn:

»Mann ohne Ohren, was schaust du denn nach oben?«

»Wie sollte ich nicht schauen«, antwortet ihm der Mann ohne Ohren. »Irgendwoher höre ich einen wunderschönen Gesang, aber ich weiß nicht, woher. Bären-Sohn, nimmst du mich mit als deinen Gefährten?«

»Ich nehme dich mit, komm nur, ich nehme dich mit«, antwortet der Bären-Sohn auch dem Mann ohne Ohren. So wandern sie denn zu dritt weiter.

Sie wandern und ziehen ihres Weges, bis sie endlich an einen großen Berg gelangen. Da sehen sie: am Fuße des Berges klafft ein riesengroßes Loch. Nun spricht der Bären-Sohn zu den Männern also: »Ihr Männer, flechtet mir ein langes Bastseil, ich will hinuntergehen!«

Sogleich flochten ihm die Männer ein Seil. Als sie damit fertig waren, band es sich der Bären-Sohn um den Leib und begann sich hinabzulassen.

Eine lange Zeit ging es abwärts, eine kurze Zeit ging es abwärts, da kam er an ein kleines Häuschen. Er tritt in das Haus ein, aber o weh, nun merkt er erst, daß er in das Haus des dreiköpfigen Drachens geraten ist.

»Ha!« brüllt der dreiköpfige Drache den Bären-Sohn an, »Gottväterchen schickt mir was zum Fressen!« Darauf antwortet der Bären-Sohn also:

»Dreiköpfiger Drachenvater, friß mich nicht! Lieber will ich dein Knecht sein und für dich Holz spalten!«

Damit ergriff der Bären-Sohn das Beil, ging vor des dreiköpfigen Drachens Haus und machte sich daran, Holz zu hacken. Wie er aber das Holz hackt, fliegen alle Späne durch das Kaminloch in des dreiköpfigen Drachens Haus hinein.

»He, warum hackst du mit solcher Kraft«, schreit der dreiköpfige Drache zu ihm hinaus, »die Späne fliegen ja alle in mein Haus!«

Darauf ging der Bären-Sohn ins Haus und hieb mit seinem Beil dem dreiköpfigen Drachen alle drei Köpfe ab.

Nun, jetzt erst sieht der Bären-Sohn: im Haus sind auch drei schöne Mädchen! Drei wunderschöne Mädchen, die spielen dort in der Ecke. Er geht zu ihnen, doch die Mädchen spielen weiter.

Da spricht der Bären-Sohn zu ihnen also:

»Was habt ihr da zu spielen, gerade als ob ich nicht da wäre? Rasch, macht euch fertig, und dann auf nach oben!«

Nun suchen die Mädchen ihre Habseligkeiten, dies und das noch zusammen, dann machen sie sich auf den Weg. Alsbald kommen sie zu der Öffnung. Nun bindet der Bären-Sohn dem einen Mädchen das Seil um den Leib. Der Mann ohne Nase aber und der Mann ohne Ohren beginnen es hochzuziehen. Als es oben angekommen war, ließen sie das Seil wieder hinunter und zogen das zweite, dann ein drittes Mal auch das dritte Mädchen hinauf. Danach band der Bären-Sohn sich selbst das Seil um. Zwar wird auch er hochgezogen, als er aber schon beinahe den Ausgang erreicht hatte, durchschnitten sie plötzlich mit der Axt das Seil, und der Bären-Sohn stürzte Hals über Kopf hinab, fiel wieder hinunter in die unterirdische Welt.

Der Bären-Sohn begann nachzudenken. Bald kam ihm etwas in den Sinn, er kehrte zum Haus des dreiköpfigen Drachens zurück. Wie er in das Haus eintritt, sieht er am Nagel die Jagdwaffe des dreiköpfigen Drachens. Er nimmt sie herunter und geht damit auf die Jagd. Sehr gewandt war der Bären-Sohn, und so erlegte er mit seiner Waffe alsbald das viele Wild: Elch, Ente, Eichhörnchen, was ihm gerade über den Weg kam.

Einmal aber begegnet der Bären-Sohn auf der Jagd einem Adler. Den fragt der Bären-Sohn:

»Adler, trägst du mich in die helle Welt hinauf?«

»Hast du auch viel Fleisch?« fragt ihn der Adler.

»Wie sollte ich nicht, habe ich doch genug erjagt!«

»Nun, so fertige Birkenrindeneimer an und pack sie voll Fleisch, aber so voll, daß es selbst für drei Monate reicht!«

Das tat der Bären-Sohn, er richtete alles her, dann setzte er sich auf Geheiß des Adlers auf dessen Rücken, und sie brachen auf, begannen hinaufzufliegen. Sobald der Adler müde wurde, stopfte ihm der Bären-Sohn ein Stück Fleisch in den Schnabel, worauf der Adler gleich wieder zu Kräften kam.

Sie waren schon fast zur oberen Welt hinaufgelangt, als der Adler wiederum seinen Schnabel nach Fleisch hinstreckte. Aber was nun, auch das letzte Stück war schon ausgegangen. Darauf begann sich der Adler wieder hinabzulassen. Der Bursche aber nahm sein Messer, schnitt ein Stück aus seinem Schenkel heraus, auch ein Stück aus dem anderen Schenkel und stopft sie dem Adler in den Schnabel. So gelangten sie glücklich nach oben. Da spricht der Adler zum Bären-Sohn also:

»Auf die Beine, wir sind angelangt!«

»Wie soll ich auf die Beine springen«, ruft der Bären-Sohn ihm zurück, »habe ich mir doch aus beiden Schenkeln etwas herausgeschnitten und dich damit gefüttert!«

»Aha, darum also waren die beiden letzten Schnitten so süß«, sprach jetzt der Adler zum Bären-Sohn. »Aber es war auch dein Glück, daß ich es nicht vorher wußte, denn sonst hätte ich dich mit Haut und Haar aufgefressen!«

Sprach's und spie die zwei Schenkelstücke des Bären-Sohns wieder aus, der Bären-Sohn aber tat sie an ihren Platz zurück, dann sprang er mit den eigenen Beinen von des Adlers Rücken auf die Erde. Nun flog der Adler in die untere Welt zurück, der Bären-Sohn aber machte sich auf und ging seines Weges.

Er wanderte wohl eine lange Zeit, er wanderte wohl eine kurze Zeit, endlich kam er an einen Berg, und am Fuße des Berges an ein Haus. Da hört er im Haus heftigen Streit. Der Bären-Sohn ruft hinein: »He, was ist das für ein Lärm da drinnen?« dann geht auch er in das Haus hinein. In dem Haus aber wohnten der Mann ohne Nase und der Mann ohne Ohren, die vollführten solch einen Lärm. Kaum erblickten sie den Bären-Sohn, so fielen sie auch schon vor ihm auf die Knie und flehten ihn an:

»Bären-Sohn, tu uns nichts zuleide! Bären-Sohn, laß uns frei!«

»Gottväterchen wird euch schon strafen, ich töte euch nicht«, entgegnet ihnen der Bären-Sohn und jagt sie davon.

Da veranstalteten der Bären-Sohn und die Mädchen ein gewaltiges Gelage, sie aßen und tranken, vielleicht sogar Branntwein!

Ich aber meine, sie leben heute noch.

Dieses Märchen beginnt damit, daß von einem alten Mann und einer alten Frau erzählt wird, die zusammen die Tage, die Nächte verbringen. Auch in russischen und litauischen Märchen begegnet oft der Märchenanfang »Es war einmal ein alter Mann und eine alte Fau.« Die wogulische Form: »Einst verbrachten die Tage, die Nächte ein alter Mann und eine alte Frau« versetzt noch sinnenhaft nachfühlbarer in eine Erzählwelt, die Eintönigkeit, Einsamkeit, den stetigen Wechsel von Hell und Dunkel antönen. Der russische Forscher S. *Patkanov* schreibt 1897 zur Landschaft, in der die Ostjaken und Wogulen leben: »In der Tat besteht das Charakteristische und sogar die eigentümliche Schönheit dieser öden nordischen Gegenden in der überwältigenden Einförmigkeit der Landschaft: ungeheure düstere, nur hie und da von Laubholz unterbrochene Nadelwälder, graufarbige Sumpfmoore, breite, langsam dahinziehende Flüsse ... Überschwemmungen ausgesetzte Wiesen. Noch einförmiger erscheint diese Gegend im Winter...«

Zurück zum Märchenanfang mit den beiden Alten. In russischen und litauischen Märchen fiel mir auf, daß sie häufig, bald nachdem sie genannt worden sind, verschwinden, weil sie für die zu erzählende Geschichte unwichtig werden oder es schon von vornherein sind. Es entsteht also der Eindruck, daß dieser Märchenanfang eine uralte Einleitungsformel sein könnte: Am Anfang war ein Mann und eine Frau – so hat Menschsein begonnen. Vergleichbar mit: »Im Anfang waren Adam und Eva.« Dieser Einleitungsspruch hat wahrscheinlich immer mitgemeint: da wo Menschengeschichte angefangen hat, an diesem Faden hängt auch mein Märchen, das ich euch jetzt erzählen will, denn – der Faden vom Anfang des Urweiblichen und des Urmännlichen hat sich so weitergesponnen, daß die Menschen schließlich einmal einen »kleinen Rübenakker« besaßen. Und damit schließt sich die Geschichte vom *Bärensohn* an.

Der Rübenacker

Schon in den zwei ersten Sätzen fordert uns die Erzählung zu aktivem Hören auf: Wir wollen einen Mann sehen, eine Frau und einen Rübenacker. Alle drei Bildworte regen unsere Einbildungs-Kraft zur Imagination an, damit wir innerlich schauen. Und wenn wir beim Zuhören in die Schau dessen gelangen, was da erzählt wird, werden uns die Bilder hinterher noch nachgehen. Und dann besteht die Möglichkeit, daß wir in einen Zustand gelangen, in dem wir sie durch-schauen.

Dann kann uns der »alte Mann und die alte Frau« z. B. transparent werden auf den Anbeginn der Menschheit, wo es zum ersten Mal Menschenmann und Menschenfrau gegeben hat, oder auf das Ur-Paar, das in allen Paaren weiterlebt oder auf die Uralten, die weise geworden sind an der Welterfahrung.

Und der Rübenacker? Wie erscheint er vor unserem inneren ◁ *Auge?*

Mir fallen dazu die kleinen, von Steinen eingegrenzten Lavendelgärtchen ein, wie ich sie auf der Insel Hvar gesehen habe, offenbar habe ich sie wie archaische Feldstücke erlebt...

An unserem Erzählfaden vom alten Mann und der alten Frau ist ein kleiner Rübenacker ein bedeutendes Ereignis. Denn lange, lange haben die Menschen sich nicht darauf verstanden, selbst ein Feld anzulegen. Sie haben sich von dem genährt, was von selbst gewachsen ist: vom Wild, das umherlief, von Beeren und Früchten, die eben *wild* und nicht als angelegte Kultur gewachsen sind. Auf der Reise mit unserem inneren Auge in die Märchenwelt sehen wir also Wald ... Steppen ... Sumpf ... und dann, o Wunder, einen kleinen Rübenacker. Ein von Menschen angelegtes Feld, auf dem – vielleicht Mohrrüben wachsen. Behalten wir dieses Bild locker im Sinn, vielleicht bekommt es im Verlauf der Geschichte noch Bedeutung, so daß unsere Schau des Bildes vom Rübenacker inmitten von Urwald-Vegetation zur Chiffre für etwas Wichtiges wird. Dieses Bild könnte auf einen Kulturumschwung durchsichtig werden, auf einen »Fortschritt« in der Entwicklung der Menschen.

Der Bärenalte

▷ *Wie sehe ich innerlich einen Bären?*

Ein Bärenalter – so heißt es – sucht den Rübenacker heim und maust sich Tag für Tag ein kleines Mahl. Dieser Bärenalte ist am Erzählfaden dieses Märchens mehr als irgendein Urwaldtier oder – im Gegenwartsdenken – mehr als irgendein Begriff, etwa mit dem Stempel: »Kenn ich vom Tierpark!« Das, was in unserer heutigen Denkart ein Urwald- bzw. ein Tierparktier ist, hat sich den Menschen, die unser Märchen erzählt haben, zu einem *Bild* verdichtet. Der Bär als das stärkste Raubtier der nördlichen Erdhälfte ist ihnen Bild geworden für eine starke Macht, die sie überall zu erfahren glaubten, eine Macht, der gegenüber sie selbst sich klein, schwach und ausgeliefert empfanden, eine Macht, die verehrt werden muß. Diese Mächtigkeit, das ist z. B. die Kraft, die ständig die

Pflanzen aus der Erde treibt, so daß er dasteht, dieser Urwald. Es ist die Kraft, die ihn bevölkert mit Groß- und Kleinwild und kriechenden und fliegenden Tieren aller Arten. Es ist die Kraft, die mit der Sonne wärmt und mit dem Regen befeuchtet, die mit der Kälte alles im Bann hält und mit den Wassern tost und rauscht. In dem mächtigen Tier erscheint diese Kraft. Der Mensch mußte mit Verehrung antworten.

Wir wissen heute, daß es auf der ganzen nördlichen Hemisphäre Bärenkulte gegeben hat. Bei den *Aino,* einem Inselvolk südlich von Sachalin und nördlich der großen japanischen Inseln, sind noch im vorigen Jahrhundert Reste solcher Kultfeiern entdeckt worden. In *James Frazer* (1854–1941) »Der goldene Zweig« finden sich Zeugnisse von Augenzeugen: Die Aino nennen den Bären *Kamui,* das bedeutet »Gott« und auch »Fremder«. Der Bär spielt in ihrer Religion eine große Rolle: »Es wird auch gesagt, der Bär sei ihre Hauptgottheit.« Von besonderer Bedeutung ist die Feier des Bärenfestes. »Gegen Ende des Winters wird ein Bärenjunges gefangen und ins Dorf gebracht. Ist es sehr klein, dann wird es von einer Ainofrau genährt, sollte aber keine Frau vorhanden sein, die es stillen könnte, wird das Tier mit der Hand oder dem Munde gefüttert. Während des Tages spielt es in der Hütte herum mit den Kindern und wird mit großer Liebe behandelt. Wird es aber groß genug, um den Menschen wehzutun, indem es sie umarmt und kratzt, dann wird es in einen starken Holzkäfig eingeschlossen, wo es zwei bis drei Jahre bleibt. Es wird mit Fleisch und Hirsebrei gefüttert, bis es Zeit ist, es zu töten und zu essen... Ein Mann, der ein Bärenfest gibt, lädt seine Verwandten und Freunde ein. In einem kleinen Dorf nimmt fast die ganze Gemeinde an dem Fest teil... Die Einladungsform ist etwa folgende: ›Ich, der und der, will das liebe, kleine, göttliche Ding opfern, das in den Bergen haust. Meine Freunde und Herren, kommt zu dem Feste. Wir werden uns dann gemeinsam daran freuen, den Gott fortzuschicken. Kommt.‹ Wenn alle Leute vor dem Käfig versammelt sind, redet ein zu dem Zwecke erwählter Redner den Bären an und teilt ihm mit, daß sie ihn nunmehr zu seinen Ahnen senden wollen … Eine derartige Rede, die Mr. Bachelor mit anhörte, hatte folgenden Wortlaut: ›O du Göttlicher, du wurdest zu uns auf die Erde geschickt, damit wir dich jagen. O du teure, kleine Gottheit, wir beten dich an. Bitte, höre unser Gebet. Wir haben dich gefüttert und dich mit viel Mühen und Sorgen aufgezogen. Alles nur, weil wir dich so lieben. Nun, da du groß geworden bist, wollen wir dich zu deinem Vater und deiner Mutter senden. Wenn du zu ihnen kommst, bitte, sprich gut über uns, und sage ihnen, wie freundlich wir gewesen sind. Bitte, komm wieder zu uns, und wir wollen dich opfern.‹« Dann wird das Tier erdrosselt und enthäutet, »der Kopf wird ihm abgeschnitten und an das Ostfenster des Hauses gestellt, wo man ihm ein Stück seines eigenen Fleisches unter die Schnauze legt, dazu eine Tasse voll von seinem eigenen gekochten Fleisch, ein paar Hirseklöße und getrockneten Fisch. Gebete werden an das tote Tier gerichtet. Unter anderem wird es manchmal eingeladen, nachdem es zu seinen Eltern gegangen, wieder auf die Welt zu kommen, damit es abermals geopfert werden könne. Wenn man annimmt, daß der Bär mit dem Verzehr seines eigenen Fleisches fertig ist, nimmt derjenige, der bei dem Fest den Vorsitz führt, die Schale mit dem gekochten Fleisch, begrüßt es, und teilt den Inhalt unter alle Anwesenden. Jung und Alt müssen ein wenig davon versuchen. Die Schale heißt die ›Opferschale‹, weil man sie eben dem toten Bären geopfert hat. Wenn das übrige Fleisch gekocht ist, wird es in derselben Weise an alle Leute ausgeteilt, und jeder genießt wenigstens ein kleines Stück. Wer nicht teilnimmt, wird gewissermaßen exkommuniziert. Er steht außerhalb der Gemeinschaft der Ainos.«

Aber nicht nur in Ostasien, auch in Europa hat es Bärenkulte gegeben. Zwar sind die Kultspuren schon lange verwischt, aber die Tatsache, daß sowohl Wotan wie Donar auch Björn (Bär) oder Bjarki (Bärchen) genannt werden, läßt die Vermutung aufkommen, daß auch unsere Vorfahren den Bären als eine Erscheinung des Göttlichen erlebt haben.

Noch bedeutungsvoller ist, daß die germanischen und lituslawischen Sprachen das ursprüngliche Wort für dieses Tier aus

Tabuisierungsgründen verloren und dafür Bär, das ist der Braune, Petz, Bätz und Betz gebraucht haben. Die slawischen Völker haben schon in urslawischer Zeit den ursprünglichen Bärennamen durch medvedi, das ist Honigesser ersetzt. Die Finnen sprechen von Honighand, Breitstirn oder einfach von dem Alten. Die Schweden sagen Großväterchen, Goldfuß, Süßfuß; die Lappen Kluger Vater – und während des Bärenfestes – auch Heiliger Mann und Herr oder auch Frau. Die meisten Synonima aber scheinen die obugrischen Völker entwickelt zu haben. In einer gründlichen Untersuchung hat *M. Barko-Nagy* über hundert Umschreibungen gefunden: »Der im Walde lebende«, »Dem Himmel wohlgefälliger Wundermensch«, »Sohn des Waldgeistes«, »Alter der Erdhütte«, »Spurengeher« sind nur einige davon. Die Forscher halten Bärenkulte in vorgeschichtlicher Zeit für gesichert.

In ihrer Untersuchung der Visionen des *Nikolaus von Flüe* befaßt sich *Marie-Louise von Franz* eingehend mit dem Auftauchen des Bären in diesen Visionen und zieht schließlich die Konsequenz, daß das europäische Unbewußte immer noch von dieser frühen Geschichtsepoche geprägt sei. (Man denke nur an die Teddybären in jedem Kinderzimmer.) Wir dürfen annehmen, daß die Einholung solcher unbewußter Bereiche ins Christliche auch in uns selbst immer noch ansteht. Zur Zeit der Missionierung konnten sie nur verdrängt werden. Aber wie am Beispiel des Heiligen Nikolaus von Flüe (und wie auch an unseren Träumen zu sehen ist, würden wir sie besser beachten) tauchen diese Spuren in christlichem Zusammenhang wieder auf, als bedürften sie noch der *Taufe*. Vielleicht hat die heutige Sensibilität für mythische Phänomene u. a. den Sinn, diese Leistung wirklich zu vollbringen. Aus diesem Grund erscheint auch die Auseinandersetzung mit unserem sibirischen Märchen keine irrationale Spielerei oder Regression, sondern ein nötiger Schritt ins Künftige. Es geht um eine Erweiterung des Horizonts, in dem hie Heidentum, da Christentum fast zweitausend Jahre unversöhnlich nebeneinander existierten. Wahrscheinlich hat diese Absonderung – vielleicht einst notwendig, heute aber problematisch geworden – das

Christentum um eine vitale Kraftquelle gebracht, deren wir heute in dahinkümmernder Zeit wieder bedürfen.

Im Hinblick auf den Bären als Bild *können wir also sagen, daß er in Mythen und Märchen durch-sichtig werden kann zum Beispiel auf Kraft und Stärke – auf unfaßliche Mächte – auf die dem Menschen befremdliche Gottheit – auf den ganz Anderen, Unbegreiflichen aber auch den göttlichen Geber, der sich als Nahrung darbietet auf den Lebenserhalter – weil er den von der Jagd lebenden Menschen sein Fleisch zur Nahrung gibt*

Auch unsere Vorfahren in der Jägerkultur waren also Bärenfleischesser und Bärenbluttrinker, und sie haben sich in der Angewiesenheit auf diese Nahrung als Wesen erfahren, die auf dieses Göttliche, das da gibt, bezogen und die von ihm abhängig sind.

Der Berg

▷ *Was erscheint bildhaft vor meinem inneren Auge, wenn ich »Berg« höre?*

An dem Erzählfaden unseres Märchens steht weiterhin als bedeutungsvolles Bild der Berg. Auf dem Wege – »war er lang, war er kurz, wer weiß es, wer hat es gesehen« – taucht er als eine Station auf, bei der man ankommt. Für uns heute ist der Berg oft nicht mehr als ein *Ding*, das eben in der Landschaft steht, das uns vielleicht freut oder stört oder nicht viel bedeutet, weil wir ihn mit unserem Auto mühelos überwinden können. In unserem Märchen aber kennzeichnet er keinen geographischen Ort, sondern ein geistiges Phänomen.
Für den unbefangenen Blick ist *Berg* das, was sich aus der Ebene in die Höhe erhebt. In weiter Ebene bekommt schon eine Erhebung von 100 bis 300 Metern besondere Bedeutung, denn erstiegen gibt sie einen Rundblick frei, der aus der Ebene eben nicht möglich ist. Für viele Völker war *der Berg* Inbild des Urlandes, das sich aus dem Wasser erhoben hat – somit für Land überhaupt, das aus dem Wasser aufgestiegen ist. Denn

Wasser, das ist nicht Menschenheimat, aber Land ist für unseren Fuß begehbar, ist für uns bewohnbar. Die alten Schöpfungsvorstellungen verbinden sich häufig mit dem Land, das sich einem Berg gleich aus den Wassern erhoben hat. Von ihm aus hat der Schöpfer seine Welt gemacht. So wird *Berg* zum *Weltenberg*. Da aber, wo ein realer Berg die Landschaft beherrscht, eignet ihm seit Urzeiten besondere Bedeutung, denn er macht die Welt als *Weltenberg* sichtbar, er markiert die *Mitte der Welt*, die auch *Nabel der Welt* heißt.

»Mit der Entwicklung des Gottesbegriffs«, sagt *Marie König*, »wird er zum Götterberg. Es gibt zahlreiche alte Götterberge, vielleicht hatte jede Landschaft ihren eigenen. Wo keine entsprechenden Erhebungen zu finden waren, wurden sie gebaut, wie z. B. die Tempelberge, auch Zikkurat genannt, im alten Mesopotamien. Die Götter, so glaubte man, betraten vom Zenit, also von der Spitze des Berges aus, die Welt. In der nachaltbabylonischen Dichtung ›Beschwörung des Utu‹ heißt es: ›Utu, wenn du aus der Mitte des heiligen Himmels kommst.‹«

Die Völker der Erde kennen alle ihren *heiligen Berg*, der immer als Weltmittelpunkt erfahren worden ist. Lenkt er den Blick doch unwillkürlich nach oben, in die Höhe, zum Himmel hinauf, wo das Heilige, wo der Gott oder die Götter gedacht wurden. Durch diese Betonung der Senkrechten weist der Berg auf die Verbindung zwischen Himmel und Erde bzw. er stellt sie dar. Die schneebedeckten Berge zumal bringen durch das helle Licht das Jenseitige in Vorstellungsnähe. Außerdem überdauert der Berg die Menschengeschlechter und hebt so etwas wie Ewigkeit ins Bewußtsein.

Berg, in Bildrang erhoben, kann also durchsichtig werden:
auf das Feste, Unverrückbare
auf das überragende, sich erhebende Prinzip
auf das Grenzsetzende, Abweisende, Herausfordernde
auf das Ewige, Göttliche, Heilige
auf die Mitte, auf die Weltachse, um die sich alles dreht
auf die Entscheidungssituation
auf eine Aufstiegsmöglichkeit, wie eine Treppe in göttliche Bereiche

Es lohnt sich, dieses Bild *Berg* in die eigene Vorstellung kommen zu lassen, mit ihm eine Zeitlang umzugehen, es sich naherücken zu lassen. Vielleicht gelingt das durch ein Bild aus der darstellenden Kunst oder ein gutes Foto, damit wir seiner Wirkung nachspüren. Wir werden ganz sicher Erlebnisse haben, wenn wir dieses Urbild in unserem Innenraum behalten. Wenn unser Bärensohn mit seinen Gefährten also auf langem Wege schließlich an einen Berg gerät, dann ist mit dem Bild *Berg* eine wichtige Aussage gemacht, die das Märchen nicht beschreibt. Wir sollten dieses Bild deshalb für uns meditieren. Denn wer immer *in die Mitte* gelangt, ist an einen entscheidenden Ort gekommen. (Man denke nur an das, was der biblische Paradies-Mythos von dieser Mitte erzählt.) Auch dem Bärensohn eröffnet sich am Fuße des Berges Ungeahntes: nämlich ein riesengroßes Loch.

Das riesengroße Loch

▷ *Bleiben wir mit unserem Erzählfaden auf der Bildebene und versuchen wir innerlich zu schauen, was da erzählt wird: ein großes Loch.*

In der Schau eröffnen sich Erkenntniswege. Weil wir in der Schau immer selbst intensiv beteiligt sind – wir müssen ja aus unserem Herzen, aus unserer eigenen Mitte schauen –, erkennen wir nur, was für uns selbst im gegenwärtigen Augenblick bedeutungsvoll ist. Alles andere dürfen wir getrost beiseite lassen. Nur das, was uns betrifft, ist momentan für uns auf dieser Ebene wichtig. Auf intellektuelles Denken können wir auf der Märchenebene zunächst verzichten, sie führt uns nur in die Sackgasse und ins Mißverstehen.

Wenn an unserem Erzählfaden der Berg als Weltmitte, als Weltachse und als eine Art Treppe nach oben erscheint, so wundert es nicht, daß sich an seinem Fuß das riesengroße Loch – das ist der Abgrund – befindet. Der Abgrund ist die Entsprechung nach unten zu dem, was aufragt. Die Achse nämlich verbindet alle Bereiche: den Erdenbereich, mit der lichten

Oberwelt genauso, wie mit der finstern Unterwelt. Wen sein Weg an das Zentrum führt, der wird nicht nur mit lichter Höhe, sondern auch mit den Schrecken der Unterwelt konfrontiert.

Wie unser Märchen erzählt, ist das riesengroße Loch ein Eingang ins Dunkle, ins Ungekannte, in die Tiefe des Erdinnern, von dem nichts bekannt ist. Vom Gefühl her bekommt dieses Loch etwas Unheimliches. Wer wohnt dort? Welchen Mächten begegnet man in der Finsternis? Auf jeden Fall werden es keine irdischen Mächte sein, die dort hausen, sondern eben die Unterirdischen.

Unweit von Paris, in der Ile de France, befinden sich über zweitausend Kulthöhlen, in denen die Forscher Spuren aus dem Altpaläolithikum entdeckt haben, die eindeutig darauf hinweisen, daß diese *Löcher* einst Kultstätten waren. Haben die Menschen die Götter einmal unter der Erde gesucht? *Leo Frobenius* brachte aus Afrika eine Mythe mit, in der vom Schöpfergott »Im Großen Wasserabgrund« erzählt wird, und auf der Molukkeninsel Ceram erzählen die Nyadra: Nitu, die Allmutter und Todesherrin, wohnt unter der Erde in einer Höhle, sie ist sichtbar als Riesenschlange. Alle Menschen stammen von ihr und kehren wieder zu ihr zurück. *Marie König* vermutet, daß die Menschheit lange mit einem zweiteiligen Weltbild gelebt habe: Die Schöpfergottheiten hatten ihren *Himmel* in der Tiefe. Von dorther gaben sie das Leben in die Oberwelt und holen es nach dem Ableben wieder in ihren Bereich zurück. Das Unten – so die ältere Vorstellung – ist sowohl das Herkunftsland des Menschen als auch der Ort der Heimkehr, Geburtsschoß und Grab zugleich. Leben und Sterben sind wie Ein- und Ausatmen eines tiefgründigeren Lebensdaseins, das eben in jenem Höhlendunkel verborgen ist. Die Ausformung unseres Märchens vom Bärensohn mit dem Berg in die Höhe und dem Loch in die Tiefe bezeugt schon eine Differenzierung dieser Leben-Tod-Einheit: In der Tiefe befindet sich nur noch das lauernde Schlingmaul, der Menschenfresser als Drachenvater mit den drei Köpfen.

43

So verdichtet sich das riesengroße Loch *zu einem Symbol des Schreckens. Es wird durchsichtig*
auf das abgründige Prinzip
auf das Dunkle
auf das Fressende
auf das Totenreich (die ägyptische Totenstadt Lykopolis heißt zu deutsch: Öffnung der Höhle)
es kann aber auch durchsichtig werden
auf den Aufenthaltsort der Götter oder des Gottes (wenn die Vorstellung noch aus dem zweiteiligen Weltbild stammt)
es könnte ferner durchsichtig werden auf
den Mutterschoß der Erde, in dem die Erdgöttin herrscht, das Loch *wäre der Eingang in ihren Schoß*

Dieses *riesengroße Loch* hat seine Entsprechung auch im kosmischen Geschehen gefunden: Wenn nämlich die Sonne im Steinbock, dem untersten Zeichen im Tierkreis ihr Licht verliert, so geschieht das *tief unten*, gegenüber *hoch oben* befindet sich der Krebs, in dem die Sonne den höchsten Stand erreicht. Die Stadt Chanty-Mansisk am Zusammenfluß von Ob und Irtysch, wo unsere obugrischen Stämme leben, liegt noch nördlich des 10. Breitengrades, also auf der Höhe von Südschweden, wo es im Dezember und um die Jahreswende kaum hell wird. In diesem dunklen *Loch* lauern immer Tod und Zerstorung des Lebens.
Eine ähnliche Finsternis ist jeden Monat im Mondgeschehen erlebbar: Zur Neumondzeit bleibt der Himmel stockfinster. Die Menschheit ohne Elektrizität oder gar ohne Feuer wird das jeweils drastisch ins Gespür bekommen haben.

Der dreiköpfige Drachenvater

▷ *Wie erscheint der dreiköpfige Drache in meiner Phantasie?*

Im Zusammenhang mit der *finsteren Welt* taucht in unserem Märchen der *dreiköpfige Drachenvater* auf. Der Held in der Unterwelt scheint auf dem Weg endlich Geborgenheit, ein

Haus gefunden zu haben, da stellt sich auch schon heraus, in wessen Fänge er geraten ist. Das menschenfressende Monstrum will ihn verschlingen. Durch Tapferkeit und Demut – der Held widersteht ihm ins Angesicht, spricht ihn mit Namen an, ist aber auch bereit, sein Knecht zu werden – bekommt er eine Gnadenfrist. In dieser gelingt es ihm, die Kräfte zu messen. Als der Drachenvater sich der ins Haus fliegenden Späne wegen beschweren muß, ist klar, wer der stärkere ist. Der Bärensohn erfüllt seine Aufgabe in dieser Dunkelwelt: Er bringt den Drachenvater um.

Auch bei diesem Bild kommen wir nur in Verstehensnähe, wenn wir zunächst auf schnelles Denken und Urteilen verzichten und uns dem aussetzen, was im Bild mitgeteilt wird. Das lebensbedrohende Ungeheuer wird als Vater, als Drache und als Verschlinger vorgestellt. Als Vater war er Erzeuger, als Drache ist er Feind, als Verschlinger nimmt er das Leben. An diesem Ungeheuer kommt nur vorbei, wer es beseitigen kann. Es muß rasch und entschieden gehandelt werden, sonst ist man Opfer. Es gibt solche Unterweltssituationen, sie spielen auf anderer Ebene als unserer Realität in der Oberwelt. Das gilt es zu erfassen, um nicht in falsches *Mitleid* zu verfallen.

Die mehrfachen Köpfe von Ungeheuern im Märchen bringen immer auch Mißwuchs zur Anschauung. Sie zeigen, daß das geordnete, das harmonische Maß überschritten ist. Zwar haben wir heute weitgehend das Gefühl für das rechte Maß verloren, es wird uns nicht selbstverständlich bewußt, wie heilend es wirkt, wie es Geborgenheit gibt. Doch sollte uns eine symptomatische Erscheinungsform der Gegenwart aufmerken lassen: In den Krebsgeschwulsten wird deutlich, was Mißwuchs und Überschreitung des Maßes ist. Da hilft nur energisches Dagegenangehen. So stimmt auch die Dreihäuptigkeit des Drachen nicht. Sein Wesen ist Zerstörung, dreifach potenziert. Deshalb geht ein Aufatmen durch die Seele, wenn die Heldentat vollbracht und der dreiköpfige Drachenvater getötet ist.

Der Drachenvater in unserem Märchen kann also transparent werden
auf den Verschlinger
auf den Vater in seinem lebensverneinenden Aspekt
auf sinnlose Zerstörung
auf Tod ohne Hoffnung
auf Gefangenschaft ohne Erlösung
auf das Widrige im Lebensgesamt
auf das Böse, das eine geistige Macht ist
auf das Böse, das die Schöpfung vom geistigen Kern her zerstören will

Die drei schönen Mädchen

▷ *Wie zeigen sich mir die drei Mädchen?*

Das Monstrum Drachenvater – so wird erzählt – hatte ein derart einnehmendes Wesen, daß es etwas Wunderschönes verstellt und unsichtbar gemacht hat. Der Held erlebt nach dem Sieg über den dreiköpfigen Drachenvater etwas Wunderbares: In der Drachenhütte befinden sich auch drei wunderschöne Mädchen! Und sie spielen! Wie Kinder? Wie Künstlerinnen? Wie Göttinnen? Was für ein Bild! Bei ihm zu verweilen, sollten wir nicht versäumen, damit wir uns nach der Konfrontation mit dem Dreiköpfigen wieder erholen können.

Das Mädchen, die Jungfrau – im Märchen heißt sie oft *Prinzessin* oder *Königstochter* – bringt etwas Liebliches ins Bild. Jeder Mensch, der noch ursprünglich erleben kann, wird von dem Unbeschreiblichen angerührt sein, das Mädchen ausstrahlen, die nicht mehr Kind und noch nicht Weib geworden sind. Die Natur gestaltet auf dieser Zwischenstufe etwas Besonderes: eben die Jungfrau oder die junge Frau. Und wenn sie dazu noch schön ist! Leider ist die Schönheitsvorstellung heute von den vielen Schönheitswettbewerben und -königinnen krankgemacht. Vergegenwärtigen wir uns deshalb, daß in alten Sprachen das Wort für *schön* auch *gut* bedeutet. Im Märchen müssen wir bei *schön* immer *gut* mitdenken. *Gut* ist, was liebreich, das heißt an Liebe reich ist. Dieses Gute, Schöne, Liebreiche, Jungfräuliche entdeckt unser Bärensohn gleich potenziert: in dreifacher Gestalt.

Die Dreigestalt in Verbindung mit dem Weiblichen ist uralt. Vermutlich geht sie auf die drei Mondphasen zurück. Der Steinzeitmensch erblickte in den Gestirnen Wesenheiten. Er beobachtete die Wirkmacht dieser Wesenheiten, die er als göttliche Kräfte erlebte. So erfuhr er die weibliche Mondkraft als zunehmend, als die runde Fülle zeigend und wieder als abnehmend. Und regelmäßig wiederholt sich dieser Dreierrhythmus, so daß es nahelag, diese drei Aspekte der Mondwesenheit schließlich auch als drei weibliche Wesen auszudifferenzieren. Da der Mondzyklus innig mit dem weiblichen Zyklusgeschehen in Zusammenhang steht, repräsentiert diese Dreiheit praktisch das Weibliche schlechthin.

Diese weibliche Dreiheit hat sich verändert bis in die christliche Epoche erhalten. Sie hat sich auf *die drei Marien,* auf drei Heilige, z. B. Maria, Susanna, Magdalena oder Margaretha, Barbara und Katharina oder St. Anna, St. Osann, St. Marie übertragen. In Oberbayern kennt man noch *die drei heiligen Madeln,* die in alten Dreifrauen-Segenssprüchen angerufen wurden.

So könnten die drei schönen Mädchen in unserem Märchen durchsichtig werden
auf das Weibliche schlechthin
auf das göttliche Weibliche
auf das vom Mann ersehnte Weibliche
auf das Weibliche, das in der Bibel den Namen Sophia *trägt, die da spielt auf dem Erdenrund*

Der Adler

Was sehe ich, wenn ich mich auf das Bild »Adler« konzentriere?   ◁

Was dem Menschen der Frühzeit auf der Erde der Bär bedeutete, war in der Luft der Adler: ein herrscherlicher Vogel, der als *König der Lüfte* gilt. Von der Erde her konnten die Menschen verfolgen, wie hoch dieser Vogel sich erhob, wie lange er ohne Flügelschlag kreisen, wie er einem Blitz gleich aus heiterem Himmel hernniederschießen konnte. Dieser Vogel mit dem scharfen Auge erschien ihnen gottgleich. So verwundert es nicht, daß auch der Adler im Lauf der Zeiten immer wieder mit dem Göttlichen identifiziert worden ist, vor allem mit der göttlichen Sonne. Die Azteken setzten den Sonnengott dem Adler gleich. Bei den Germanen ist es Odin, der auch als Adler auffliegen kann. Bei den Griechen sitzt er auf der Schulter des Zeus. Damit erhellt sich die Lichtsymbolik des Adlers. Er wird aber auch als Windmacher aufgefaßt. *Jakob Grimm* erwähnt: »Der Edda zufolge heißt Hraesvelgr ein Riese, der in Adlergestalt an des Himmels Ende sitzt, von seinen Flügeln kommt aller Wind über die Menschen. Snorri bestimmt es noch genauer: er sitzt an der Nordseite des Himmels, und wenn er die Flügel schwingt, erheben sich unter ihnen die Winde.«

Der Adler wohnt auch in Yggdrasil, in deren Wurzeln Nidhög, der Drache, nagt. Er kommt dort in die Gegnerschaft zu dem Erddrachen, und *M. Eliade* meint, daß damit Nähe zu den nordasiatischen Mythen gegeben ist. »Der Kampf zwischen Adler und der Schlange ist (ebenso wie der Kampf Guradas mit dem Reptil) ein aus der indischen Mythologie und Ikonographie wohlbekanntes Motiv – ein kosmologisches Symbol für den Kampf zwischen Licht und Finsternis, für den Gegensatz der beiden Prinzipien des solaren und des unterirdischen.«

Für uns hier ist besonders wichtig, was aus dem sibirischen Umfeld bekannt ist. Dazu heißt es z. B. bei M. Eliade von den Turushansker Jakuten: »Der Adler trägt auch den Namen des höchsten Wesens Ajy (der Schöpfer) oder Ajy tojen« (der Schöpfer des Lichtes). Und bei *Frazer* ist zu lesen, daß die Aino neben dem Bärenkult auch einen Adlerkult kennen. Auch Adlerjunge werden in die Häuser gebracht und in Käfigen gehalten, verehrt und schließlich geopfert. Ein Opfergebet lautet z. B.: »O teure Gottheit, o du göttlicher Vogel, lausche meinen Worten. Du gehörst dieser Welt nicht an, denn deine Heimat ist bei dem Schöpfer und seinen goldenen Adlern. Da dies so ist, schenke ich dir diese Inao (heilige Stäbe) und Kuchen und andere kostbare Dinge. Reite du auf den Inao und steige empor zu deiner Heimat in dem herrlichen Himmel. Wenn du ankommst, versammle die Gottheiten deiner eigenen Art und danke ihnen in unserem Namen, daß sie die Welt regiert haben. Komm wieder, ich bitte dich, und herrsche über uns. O mein Teurer, gehe du ruhig.«

Zusammenfassend können wir für uns festhalten:
Im Adler erscheint die Licht-Macht in der Finsternis
die siegende Kraft über das unheilbringende Böse
die göttliche Energie als Licht, als Wind, als Kraft, die davontragen kann
eine göttliche Kraft, die gegen die Leiden der Welt kämpft
die göttliche Kraft, die die Welt lenkt und leitet

Vielleicht können diese Hinweise dazu beitragen, das Bild vom Adler meditativ zu umspielen, damit sich beim Hören des Märchens der intuitive Verstehensraum öffnen kann. Merkwürdigerweise gehört im Märchen vom Bärensohn der Adler noch zur Unterwelt. Vermutlich hängt das damit zusammen, daß hier die Differenzierung in ein dreiteiliges Weltbild noch nicht endgültig vollzogen ist, so daß der *Himmel* noch *unten* erlebt wird. So wird es möglich, verschiedene Schichten der Bewußtwerdung an einem Märchen zu erkennen. Wie gut, daß die Erzähler lange bewahrt haben, was überliefert worden war! Wir Heutigen können in diesem Spiegelbild die Schichtungen unserer eigenen Vergangenheit wiederfinden und einen Zugang zu dem Rätsel entdecken, das wir selbst sind.

Das Festgelage

»Da veranstalteten der Bärensohn und die Mädchen ein gewaltiges Gelage, sie aßen und tranken.« Das Schlußbild am Erzählfaden unseres Märchens ist ein Festmahl. Die voneinander Getrennten sind wieder vereint, und das muß gefeiert werden. Denn jetzt hat der Held sein Ziel erreicht. Er war ja ausgezogen, um eine Frau zu suchen, und dreifach ausgegliedert hat er sie gefunden. Das Fest ist fällig. Das vergleichbare Ende in vielen europäischen Märchen ist die Hochzeit. Das Bild vom Festgelage und das von der Hochzeit haben praktisch den gleichen Inhalt. Es gehört der Held mit der Braut dazu, die endlich vereinigt sind, sowie zu essen und zu trinken in Fülle. In diesem Schlußbild ist die Harmonie zum Ausdruck gebracht, die auf das Elend der menschlichen Abhängigkeit vom Nahrungsbedürfnis und auf das Verlangen nach dem anderen Geschlecht eine Antwort gibt.

Die Geschlechtervereinigung als *Bild* symbolisiert das Ende allen Elends, das auf der Spaltung in die Gegensätze beruht, die allem Leben und Sein zugrundeliegen. Es deutet auf die Bewältigung der gegensätzlichen Phänomene Liebe und Haß, Krieg und Frieden, männlich und weiblich, Nähe und Ferne, Licht und Finsternis, Leben und Tod und aller ihrer Ausformungen[2].

Wer sich bis hierher mit Einfühlung, Herz und Verstand durch das Märchen hindurchgearbeitet hat, wird sicher noch mehr Bilder entdecken, denen nachgegangen werden sollte, das *Seil* z. B., und das *Beil*, das *Fleisch* für den Adler und das *Schenkelfleisch* des Helden, *Nase* und *Ohren* und noch mehr. Wer sich angeregt fühlt, der versuche, auch diese Bilder nach innen zu nehmen und mit ihnen umzugehen. Meine Hoffnung ist, daß die acht angestoßenen Bilder schon so zu wirken begonnen haben, daß die Leser Verstehensinseln in diesem Märchen finden, auf die sie ihren Fuß setzen können. Es ist nötig, geduldig zu bleiben und das Märchen immer wieder laut zu lesen oder anzuhören. Es ist so stark, daß wir nur

---

[2] In diesem Märchen tauchen sie z. B. auf als Tage – Nächte, alter Mann – alte Frau, Bär – Mensch, Höhle – Hütte, Mutter – Frau, oben – unten, Berg – Loch, Drachenvater – schöne Mädchen, Unterwelt – obere Welt, Adler – Drache, Held – unlautere Gefährten etc.

Gewinn daraus ziehen können, so oft wir uns ihm öffnen. Menschenleben und seine Bewältigung sind so kompliziert, besonders in unserer verrückten Zeit, daß eine so einfache Form, wie unser Märchen sie uns anbietet, wie eine Erhellung wirken kann.

Eine von vielen möglichen Deutungen

Jede der in Bildrang erhobenen Erscheinungen, wie wir sie hier in Rübenacker, Berg, Bärenalter etc. betrachtet haben, kann auf viele Gestaltungen der nicht-unmittelbar-sichtbaren Wirklichkeit durchsichtig werden. Das ist der Vorzug der Bildsprache im Gegensatz zum begrifflichen Denken und Sprechen. Infolgedessen gehört es zur Gesetzlichkeit aller in Bildsprache verfaßten Dichtungen, daß sie sich jeder festlegenden Deutung widersetzen. Denn jedes Bild eröffnet eine Fülle von Deutungsmöglichkeiten, die nur dann einen Sinn geben, wenn sie in der Schwebe belassen werden. Keine Deutung eines Märchens darf den Stempel *allein authentisch* beanspruchen. Um jedem Leser möglichst viel Freiraum für seine ganz eigene Verstehensmöglichkeit zu lassen, habe ich so etwas wie einen kargen Verstehensrahmen für die einzelnen Bilder zu erstellen versucht. Jeder möge nun diese Bilder in sich weiterleben lassen.

Für die ganz Neugierigen will ich aber auch verraten, was für Verstehensmöglichkeiten sich mir nach wiederholtem Erzählen angeboten haben. Es ist dies ein ganz persönliches und subjektives Bekenntnis und kennzeichnet nicht nur meinen Standort als zweiundsechzigjährige Frau, sondern auch meine spezifischen Lebensinteressen. Deswegen hat mein derzeitiger Deute-Rahmen für niemanden etwas Zwingendes. Ich sage *derzeitig*, weil ich immer wieder die Erfahrung mache, daß der Deute-Hintergrund sich ändern kann. Das macht Märchen so reizvoll – sie sind immer wieder neu, wenn wir selbst lebendig bleiben.

Der Bärensohn in unserem Märchen ist so etwas wie ein Kulturheros. Er ist ein Retter, eine Heilandsfigur, wie sie in allen Umbruchzeiten von den Menschen erwartet wird. Für die Stämme, die sich dieses Märchen erzählt haben, ist ihr Heros besonderer Abstammung. Das Bild vom göttlichen *Bärenalten,* der sein Vater ist, bringt das zum Ausdruck. Seine Mutter aber ist eine Menschenfrau. Seine Gestalt, halb Mensch, halb Bär, bringt seine Abstammung aus unterschiedlichen Bereichen deutlich zur Anschauung. Bei näherem Hinschauen wird klar, daß dieser Bärensohn in eine Zeit der Ablösung von einer allen vertrauten Kultur hineingeboren ist. Eine Epoche, die lange Zeit die menschlichen Vorstellungen bestimmt hat, geht zu Ende, als er erscheint. Es ist vor allem das Bild vom Rübenacker, das diese Schau eröffnet. Ein Rübenacker nämlich setzt festen Wohnsitz, Pflege des Ackers, setzt die bereits erworbene Fähigkeit voraus, etwas anzubauen. Das Bild vom Bärenalten aber stammt aus einer anderen Kultur. Der Bärenkult hatte seine große Bedeutung bei den Menschen, die vor allem von der Jagd gelebt haben und sich also vom Fleisch des erlegten Wildes ernährten. Für sie war wichtig, daß immer wieder genug Bären und anderes Wild vorhanden waren, damit sie ihr *tägliches Fleisch* hatten. Das fällt im Bärenkult der Aino auf, wenn sie den Bären bitten, wiederzukommen, damit sie und ihre Kinder genug zu essen haben.

Demgegenüber deutet unser Märchen einen gewaltigen Kulturumschwung, eine Revolution in den Lebensgewohnheiten der Menschen an. Durch den Ackerbau nämlich ist der Bärenkult überflüssig geworden. Die von Feldfrüchten lebenden Menschen bringen dem Bärengott keine Fleischopfer mehr dar – oder in der Übergangszeit jedenfalls viel seltener. Sie sind ja jetzt auf die Vegetationsgottheiten angewiesen, auf die Erdgottheiten – in der Regel sind es Muttergottheiten –, die Leben erhalten, indem sie wachsen lassen. In diese Situation hinein erzählt unser Märchen, daß der Bärenalte kommt, nachts als Dieb, und sich die Rüben stiehlt, die nicht ihm dargebracht werden. Denn er hat immer noch übermenschliche Götterkraft, so erzählt unser Märchen in seiner Bildsprache: Er verschlingt den Mann und schleppt die Frau in seine

Höhle. Dort macht er die Menschin zu seiner Frau. Der göttliche Bär – so wird erzählt – und die Menschenfrau gehen die innigste Einheit ein; in Konsequenz dazu ereignet sich etwas ganz Neues, Nie-auf-der-Welt-Dagewesenes: eine neue Erscheinung des Gottes, halb Mensch, halb Bär. Der Bärensohn als Bärmensch ist jedenfalls dem Göttlichen und dem Menschlichen gleichermaßen verpflichtet, das wird aus diesem Bild ersichtlich.

Die Ackerbaukultur hat sich weiterentwickelt, die Jagdkultur hat sich überlebt, also wird der Bärenkult im Laufe der Jahrhunderte weiter ausgestorben sein. Der Bärensohn in seinem menschlichen Aspekt aber hält zu den Menschen, »er verbringt die Tage mit seiner (menschlichen) Mutter in der Hütte«, heißt es. Der Bärenkult ist schließlich ganz und endgültig ausgestorben. Das erscheint im Bild, indem der Bärensohn seinen Vater erschlägt. Mit einer *gutgewachsenen* Birke tut er das. Die Birke spielt bei den sibirischen Völkern eine große Rolle. Ich glaube, daß wir nicht fehlgehen, wenn wir sie als Symbol des Lebens, als Lebensbaum sehen. Das grünende, *gutwachsende,* sich weiter fortzeugende Leben bringt den Bärenalten dazu, daß er »alsbald seine Seele aushaucht«. Das dürfen wir aber nicht voreilig verstehen als »der Gott ist tot«, sondern: diese Erscheinungsform des Gottes in Bärengestalt ist bedeutungslos geworden.[3]

An dieser Stelle könnte das Märchen auch zu Ende sein. Es hat von einem Heiland, halb Mensch, halb Gott erzählt, der in der Welt erschienen ist und den Menschen gezeigt hat, daß die neue Kultur ihre Richtigkeit hat, daß die alte Kultform abgelöst ist und etwas Neues beginnt.

Aber das Märchen vom Bärensohn endet nicht. Es hat noch mehr Geschehenes, das *Geschichte* geworden ist, zu berichten. Das Gedächtnis der Menschen hat sie bewahrt – und in bücherloser Zeit mußte immer wieder neu *erzählt* werden, was erhalten bleiben sollte.

[3] Im Alten Testament ist etwas Ähnliches angedeutet, wenn Gott dem Elia nicht im Sturm, nicht im Beben, nicht im Feuer erscheint, sondern ganz neu: in einem leisen Säuseln.

Nachdem der Bärensohn als erste Heldentat die Höhle seines Bärenvaters verlassen und dazu beigetragen hatte, daß der Bärenalte seine Seele aushaucht, ist der nächste Schritt fällig: auch die Mutter in ihrer Hütte muß verlassen werden. Der Weg ist noch nicht zu Ende, der Bärensohn muß weitergehen. Und das tut er. Er geht und geht, wandert und wandert. Sein Ziel ist, eine Frau zu suchen. Was das Einswerden mit der Frau als Bild durchsichtig macht, ist das, was wir als Weltziel unter dem Bild der *Hochzeit* angedeutet haben. Der Held auf der Suche nach der *Frau* muß die Welt auf dieses Ziel hin ein Stück weiterbringen.

Auf diesem Weg – »wohl eine lange Zeit, wohl eine kurze Zeit, wer weiß es, wer hat es gesehen?« – begegnen unserem Helden zwei merkwürdige Gestalten: ein Mann ohne Nase, ein Mann ohne Ohren. Dazu muß man wissen, daß in anderen sibirischen Märchen der Held im Wald »immer der Nase nach, immer den Ohren nach« geht oder auf Skibrettern fährt. Das heißt, Nase und Ohr sind seine Orientierungsorgane. Im Urwald mußte ein Mensch ständig wittern und horchen, um heil durchzukommen. Der ohne Nase und der ohne Ohren aber sind orientierungslose Invaliden. In diesem invaliden Zustand können sie allein nicht mehr gehen. Deshalb sind sie auch so auf die Gefährtenschaft mit dem Bärensohn aus: »Nimmst du mich mit als deinen Gefährten?«[4]

Nun, der Bärensohn nimmt sie – so invalid wie sie sind – mit auf seinen Weg. Ja, er gibt sich ihnen sogar in die Hände. Indem er sich hinabläßt in das tiefe Loch, wird er von ihnen abhängig und erfährt schließlich auch ihre ganze Schurkenhaftigkeit.

---

[4] Hier ist übrigens mit großartiger Bildsprachenklarheit ausgedrückt, was *C. G. Jung* so ausgesprochen hat: »Die Auflösung einer Tradition ist immer ein Verlust und eine Gefahr; eine seelische Gefahr darum, weil das Instinktleben als das allerkonservativste im Menschen sich eben gerade in den traditionsgemäßen Gebräuchen ausdrückt ... Gehen sie verloren, so tritt eine Abtrennung des Bewußtseins vom Instinkt ein: Das Bewußtsein hat damit seine Wurzeln verloren, und der ausdruckslos gewordene Instinkt fällt ins Unbewußte zurück und verstärkt dessen Energie« (zitiert nach *M.-L. von Franz*).

Zunächst aber kommt der Held mit den beiden unzuverlässigen Gefährten in die Mitte der Welt. Er gelangt zu der Weltachse, von der alles Richtung bekommt, weil oben und unten miteinander verbunden sind. Da steht der Held plötzlich vor dem gewaltigen Loch, das heißt er kann es plötzlich wahrnehmen. Die Tiefe der Unterwelt wird sichtbar. Was jetzt? Man könnte so tun, als gäbe es den Abgrund nicht, und einfach nebenher, wie vordem weiterleben. Aber das ist nicht Heldenart. Der Bärensohn will dieses schreckliche finstere Loch erkunden. Mutig läßt er sich hinunter in den unbekannten Schlund. Dort stößt er auf den *dreiköpfigen Drachen,* d. h. auf das Zerstörende schlechthin. Wenn er kein Held wäre, so wäre es um sein Leben geschehen. Nun aber wendet er eine List an: Er wird Knecht und dient mit Holzhacken. In dieser Situation eröffnet sich die Gelegenheit, die Kräfte zu messen. Nachdem sich herausstellt, daß der Bärensohn mächtiger ist als das Ungeheuer, überwindet er den Drachenvater.

In diesem Augenblick wird er gewahr, daß die Tiefe nicht nur das Zerstörerische enthält, sondern noch ein ganz anderes Prinzip: Das Schöne, Helle, Spielende, Weibliche, das zu suchen der Bärensohn sich aufgemacht hatte, *schenkt* sich ihm hier in Gestalt der drei verlockend schönen Mädchen. Das Ungeheuer hat sie anscheinend in seiner Gefangenschaft gehalten. Es ergibt sich die Notwendigkeit der nächsten Heldentat: diese Schönen müssen aus der Dunkelheit befreit und ins Licht gehoben werden, *in die helle Welt,* wie es heißt. Nachdem der Bärensohn nun auch diese *Perle* aus dem Höllenschlund erlöst und zutage befördert hat, bekommt er die menschengemäße Quittung für seine Taten: Er wird in das Todesloch zurückgestürzt. Das ist – wie Mythen und Märchen überliefern – nicht nur Jesu Schicksal gewesen, sondern das aller Propheten, Retter, Heilande und Helden. Die Menschen »wissen nicht, was sie tun« und danken diese Taten nicht.

Aber der Bärensohn wäre kein Held, wenn er nicht einen Weg fände: Mit Hilfe des Adlers wird er gerettet. Durch das Opfer seines Jagdgutes und seines Schenkelfleisches gelangt er wieder hinauf in die helle Welt, die sein Aufgabenbereich ist. Zum zweiten Mal kommt er in die Weltmitte. Dort ist inzwischen eine Hütte – vielleicht auch Bild für Seßhaftigkeit – entstanden. Aber kein Friede herrscht da, sondern der Lärm von Streitenden. Die Zwei, die sich schurkisch an ihm vergangen haben, benehmen sich entsprechend. Sie wären jetzt in seiner Hand, wie er einst in der ihren. Aber er handelt nicht nach dem alten Muster. Er spielt eine neue Regel vor: »Ich töte euch nicht.« Der Held richtet nicht selbst, sondern läßt *Gottväterchen* Richter sein. Die beiden werden nur fortgejagt aus dem Umfeld der guten Schönen. Das Drama endet im Hochzeitsmahl.

Wer sich auf dieses so einfach und bildhaft gezeichnete Märchen einläßt, erkennt in diesem Erzählgeschehen nicht nur gespiegelt, was sich im Verlauf der Industrierevolution heute begibt, sondern findet auch Vergleichspunkte für das Drama der christlichen Umwälzung durch das Erscheinen Jesu. Die Vergleichselemente in der mythischen Bildschau zwischen Bärensohn und Jesusereignis sind frappierend ähnlich. Zumindest folgende fallen ins Auge: Auch von Jesu Geburt wird in mythischem Gewand erzählt, er ist Sohn göttlichen Geistes und einer Menschenfrau. Auch er bringt einen Kult endgültig zu einem Abschluß, den alttestamentlichen Opferkult nämlich mit dem Blut von Turteltauben, Lämmchen, Böcken und Stieren. Er sorgt dafür, daß dieser Kult »seine Seele aushaucht«. Entsprechend dem Getreide- und Weinanbau, der zu seiner Zeit längst gang und gäbe war, heiligt er die tägliche Nahrung von Brot und Wein und identifiziert sich mit ihr in seiner Hingabe an den Vater und an die Seinen. Auch Jesus hat sich mit dem Namen Bräutigam als *Brautsucher* bezeichnet – wie der Bärensohn, der *eine Frau suchen* ging. Jesu Erfahrungen auf dieser Brautsuche entsprechen denen des Bärensohnes: auch ihm schließen sich Orientierungslose an, unlautere Menschen, die ihn schließlich zu Tode bringen. Auch auf seinem Heilandsweg liegt der *Berg* der fortwährenden Ausrichtung nach oben, auf den Vater, genauso wie der Abgrund. Seine Begegnung mit dem *Drachenvater* wird im Evangelium als dreimalige Versuchung in der

Wüste erzählt. Und sein Hinabstürzen in die Welt des Todes reicht von Verrat und Kreuzigung bis zum Abstieg in die Unterwelt. Aber auch er wäre nicht der Heiland der Welt, wenn ihn nicht die Hand des Vaters – so ist es bildhaft auf frühchristlichen Auferstehungsbildern zu sehen – herausgezogen und hinaufgehoben hätte. Als Bräutigam steht die endgültige Hochzeitsfeier mit der Braut noch aus; aber wie im Märchen ist auch in der christlichen Heilsgeschichte die Braut keine individuelle Person, sondern durch-schau-bares Bild für *die Seinen,* seine zusammengeführte Gemeinde. Und das Hochzeitsmahl des ewigen Lebens ist auch nicht deutlicher ins Bild zu bringen als damit, daß von Essen und Trinken in Fülle erzählt wird und daß alle Tränen von den Augen abgewischt werden.

Weil das Bild von Braut und Bräutigam, von Mann und Frau als aufeinander bezogene Liebespartner so elementar typisch ist für Menschsein, ja für die Schöpfung überhaupt, deshalb kann es durchsichtig werden auf das Ziel der Welt, das *Liebe* heißt. »Kindlein liebet einander«, ist die Botschaft Jesu, genauso wie sie verhüllt auch im Märchen vom Bärensohn schon anklingt und überhaupt die Heilsbotschaft schlechthin ist – es gibt keine andere. Für Christen ist Jesus der Heiland, der sie gültig gelebt und besiegelt hat. »Eine größere Liebe hat niemand, als der sein Leben hingibt für seine Freunde« – wobei statt *Freunde* auch *Frau* oder *Braut* stehen könnte, jedenfalls dann, wenn wir versuchen, schauend zu denken und aus dem Bilddenken nicht herausfallen.

Es ist ziemlich eindeutig zu erkennen, daß das Märchen vom Bärensohn aus einem Kulturkreis stammt, der vom Christentum noch unberührt ist.[5]

Das Märchen ist weit davon entfernt, christliche Heilsgeschichte zu erzählen. Aber die Strukturen des Märchenhei-

---

[5] Die Obugrier sind erst am Ende des 18. Jahrhunderts von griechisch orthodoxen Missionaren christianisiert worden und haben sich auch als Getaufte innerlich dem neuen Glauben widersetzt, der ihnen nur wie ein Überwurf umgehängt wurde. Im Herzen blieben sie mindestens bis an den Beginn unseres Jahrhunderts ihren alten Traditionen treu.

landsweges sind denen des christlichen Heilandes merkwürdig ähnlich. Die Menschheit als Ganzes befindet sich auf einem Weg, an dessen Wendekehren bestimmte geistige Figuren immer wieder auftauchen. So auch in unserem Märchen. Jesus und sein Schicksal kann – insofern sein Weg auch ein typischer Heilandsweg ist – in einer Reihe gesehen werden mit Gestalten, von denen Mythen, Märchen und Sagen erzählen. Auch sein Weg ist typisch für Heldenfiguren, wie die Überlieferung sie schildert. Voraussetzung dafür ist, daß wir diese *Figuren* nicht individualisieren, sondern das Bildgeschehen in seiner Typik belassen. In dieser Typik ist auch Jesus eingebunden in Menschengeschehen seit eh und je. Das gehört zu seinem Menschengewand. Von seinem konkreten Leben her und der geschichtlichen Stunde jedoch ist er in seiner Sendung völlig einmalig und unvergleichlich. Dennoch bleibt die Überlieferung einer Typik von Rettergestalten, die auch auf ihn zutrifft, ein faszinierendes Phänomen. Vielleicht hängen Märchen und mythische Erzählung viel enger mit dem christlichen Heilsgeschehen zusammen, als wir ahnten oder gelehrt bekamen. Warum sollten nicht auch andere Heldenwege vor ihm – auch solche, die nicht im Alten Testament verzeichnet sind – auf ihn hin und im Zusammenhang mit ihm gesehen werden können? Aus der Vogelperspektive könnten alle vergangenen und vielleicht zukünftigen Heilandsschicksale in ihm gipfeln und verschmelzen. In der Draufsicht auf die Menschheitsgeschichte – auf die vergangene, gegenwärtige, zukünftige – fällt die Zeitausdehnung zusammen, und es kristallisiert sich eben dieses *Überbild* mit seiner dynamischen Symbolkraft als eine faszinierende und Heil wirkende Macht heraus.

2. Die Schwester der drei Brüder

Ein ostjakisches Märchen, 1888 von *Serafim Patkanov* in der Irtysch-Konda-Gegend aufgezeichnet[6].

Einst verbrachten die Tage, die Nächte drei Brüder. Sie hatten auch eine Schwester. Einmal gingen die drei Brüder fort, das Wiesenwild, die Waldtiere zu jagen. Wie sie des Abends heimkommen, da sehen sie: auf dem Feuerplatz ist noch die Asche von gestern, auf dem Tisch aber stehen die leeren Speisetöpfe. Da hebt der Älteste an und spricht:
»Du bist allein, Schwester, und hast für niemand anders zu sorgen, und doch ist nichts zu essen da und auch kein Feuer auf dem Herd!«
Nun hebt auch der Mittlere an und spricht:
»Mit unserer Schwester steht es schlimm, sie hat nichts im Sinn als die Burschen und das Heiraten!«
Damit holte der mittlere Bruder eine Schaufel hervor, setzte seine Schwester darauf und warf sie aus dem Haus. Das Mädchen flog, flog über die grasbedeckten Wiesen hinweg bis in die gradstämmigen Wälder. Dort kam sie wieder auf die Erde, und kaum war sie wieder auf die Erde gekommen, so machte sie sich gleich auf den Weg.
Sie wandert wohl eine lange Zeit, sie wandert wohl eine kurze Zeit, plötzlich führt sie der Weg zu einem Schloß, das ist an einer stählernen Kette aufgehängt. Sein goldener Boden strahlt nur so zur Erde herab, sein silbernes Dach aber leuchtet zum Himmel hinauf. Dreimal geht das Mädchen um das Schloß herum und betrachtet es, aber eine Tür findet es nirgends. Endlich fällt ihm ein kleiner Haken in die Hand. Es zieht daran, da öffnet sich eine Tür. Das Mädchen tritt

---

[6] Volksmärchen sind lebendiges Wort, dessen Klang gehört werden sollte. Deshalb ist zu diesem Buch eine Cassette erschienen, die – wenn auch über ein technisches Medium – Hören ermöglicht. Dennoch wird hier im Buch nicht auf den Märchentext verzichtet. Er ist jedoch nicht mehr als eine erst zu verlebendigende Notation. Denn Märchen leben ganz wesentlich aus dem Klang der erzählenden Stimme. Sie entbehren daher gewisser bei anderen Texten üblicher schriftstellerischer Mittel, die einer stummen Aufnahme allein über die Augen entgegenkommen. Deshalb empfiehlt es sich, Märchen mehrmals und laut zu lesen.

in das Haus ein und macht sich gleich daran, von den honigsüßen Speisen zu essen und zu trinken.

Während das Mädchen nun ißt, während es trinkt, kommt plötzlich vom südlichen Himmelsgewölbe herab Pajrahta[7] in Gestalt einer kleinen Gans zu ihm hereingeflogen. Er legt sein Gefieder ab, und schau, da steht er auch schon in seiner alten Größe vor dem Mädchen da. Es währt nicht lange, da umarmen und küssen sie einander.

Am andern Morgen spricht Pajrahta zu dem Mädchen also: »Wenn ich wieder fort bin, darfst du deine beiden älteren Brüder hereinlassen und bewirten, aber dem dritten öffne ja nicht die Tür!«

Sprach's und flog davon. Kaum war er fortgeflogen, so kam auch schon des Mädchens ältester Bruder. Das Mädchen gab ihm zu essen und zu trinken, dann ließ sie ihn wieder ziehen. Danach kam auch des Mädchens mittlerer Bruder, und auch ihm gab sie von allen guten Dingen der Erde. Nach ihm aber stellte sich der jüngste Bruder ein. Doch das Mädchen bewirtete auch ihn.

Als nun der jüngste Bruder gegessen und getrunken hatte, sprach das Mädchen zu ihm also:

»Mein Bruder, Sohn meines Vaters, geh nun deiner Wege, denn mein Mann erlaubt nicht, daß du hier bist!«

Der Bruder hörte nicht auf die Schwester, sondern nahm das Schwert von dem hölzernen Haken, kletterte in den Kamin hinauf und begann dort zu warten. Während er dort wartet, erscheint plötzlich vom südlichen Himmelsgewölbe herabfliegend Pajrahta, des Mädchens Mann, in Gestalt einer kleinen Wildgans. Als er aber durch das Kaminloch hindurch ins Haus gelangen will, packt der jüngste Bruder sein Schwert und versetzt ihm einen Hieb ins Bein. Pajrahta wandte sich auf der Stelle um, flog davon und verschwand in der Ferne.

Die Schwester aber beschloß, ihren Mann wiederzusuchen. Sie machte sich einen dreiklafterlangen Stock, sie verfertigte sich Stiefel mit dreispannengroßem Absatz, dann machte sie sich auf den Weg.

Wie sie so wanderte, kam sie schließlich zu einem Haus und einem Pfahlspeicher. Vor dem Haus erwarteten sie ein Wolf und ein Bären-Alter. Die knurrten und brummten fürchterlich, bis ihnen aus dem Haus eine alte Frau zurief:

»Ist ein Freund gekommen, so packt ihn am Saum seines Mantels,

---

[7] *Pajrahta:* der tatarische Name für den Enkel, den Hüter der Welt.

so faßt ihn am Zipfel seines Kleides und führt ihn ins Haus. Ist ein Feind gekommen, so beißt ihm Hände und Füße ab und jagt ihn davon!«

Da führten der Wolf und der Bär das Mädchen ins Haus. Dort wurde es von einer alten Frau, seiner Muhme, also empfangen:

»Wer hat von dir gesungen, wer hat von dir erzählt, daß du hierhergekommen bist an das fernste, selbst von Tieren verlassene Ende der Welt?«

»Meines eigenen Schicksals Lied, meines eigenen Lebens Geschichte haben mich hergeführt. Ein Schwerthieb hat Pajrahtas, meines Mannes, Bein verwundet. Sprich, wie kann ich ihn wiederfinden, wie kann ich ihm nachfolgen mitten über das nie gefrierende Wasser des heiligen Meeres?«, so erkundigte sich das Mädchen. Die Muhme aber antwortete ihm also:

»Auf dem Staub, den ich von meines Mannes Sohlen schabe, wirst du hinübergehen.«

Und wirklich, ehe sie sich's versahen, kam der Mann der Alten. Sie aßen und tranken, dann legten sie sich schlafen. Als der Alte eingeschlafen war, schabte die alte Frau den Staub von des Mannes Sohlen in ein kleines Birkenrindengefäß, dann riß sie ihm noch drei Barthaare aus.

Am andern Morgen gab die Alte dem Mädchen den Staub, den sie von den Sohlen ihres Mannes geschabt hatte, drückte ihm die drei Barthaare in die Hand, reichte ihm zuletzt noch ein Knäuel und sprach:

»Wirf dieses Knäuel vor dich hin, und wohin es dich führt, dorthin gehe du auch!«

Das Mädchen machte sich auf den Weg und kam alsbald an das Meer. Dort nahm sie den Staub aus dem Birkenrindengefäß und streute ihn vor sich hin auf das Meer. An dieser Stelle fror das Meer sogleich zu, und das Mädchen konnte darauf hinübergehen.

Als nun das Mädchen ans andere Meeresufer gelangt war, erblickte es ein Haus, dessen Wände und dessen Dach gleichermaßen aus Gold waren. Es ging um die Hinterseite herum, es ging um die Sonnenseite herum, aber eine Tür fand es nicht. Irgendwie entdeckte es aber, daß an einer Stelle ein kleines Eisenstückchen eingeschlagen war. Da nahm das Mädchen die drei Barthaare des Alten hervor und berührte damit das Eisen. In diesem Augenblick tat sich dort ein Tor auf, so groß wie ein See. Schnell lief das Mädchen ins Haus hinein und versteckte sich hinter dem Kamin. Kaum hatte es sich versteckt, als drei Frauen erschienen. Da kam das Mädchen hervor und sprach zu ihnen: »Führt mich zu meinem Gemahl!«

»Wenn du einwilligst, daß wir aus deinem Bein die Sehnen herausnehmen, werden wir dich zu ihm bringen, wenn du aber nicht
einwilligst, werden wir dich nicht zu ihm bringen«, antworteten die
Frauen dem Mädchen.
Das Mädchen willigte ein. Da nahmen die Frauen die Sehnen aus
seinem Bein und führten es an einen Ort, wo sein Gemahl sich
gewöhnlich aufhielt. Als sie angekommen waren, verwandelte sich
das Mädchen in eine grindköpfige Dienstmagd. Dann begann sie bei
einem alten Mann und einer alten Frau zu arbeiten, die sie als ihre
Magd zu sich nahmen.
Während das Mädchen nun bei ihnen arbeitet, hört es plötzlich, es sei
mit Pajrahtas Leben bald zu Ende. Da sprach das Mädchen zu der
alten Frau also:
»Mütterchen, kocht ihm sechs Töpfe Birkenrindentee!«
Die Alten bereiteten sogleich den Tee und gaben ihn Pajrahta zu
trinken. Davon wurde er auf einmal so gesund, daß er sofort auf die
Füße sprang. Und kaum auf die Füße gesprungen, machte er sich
auch schon auf den Weg zum Sonnen-Khan, um sich dessen Tochter
zur Frau zu holen.
Als der Morgen graute, als die Sonne ihre Himmelswanderung
begann, da kam auch schon der Hochzeitszug an. Die Hochzeit
wurde gehalten. Danach führte Pajrahta die junge Frau in sein Haus.
Das Mädchen aber, die grindköpfige Dienstmagd, hatte sich derweil
hinter dem Kamin verborgen. Als nun die junge Frau den Ring von
ihrem Finger gezogen hatte, stahl ihn die Grindköpfige und steckte
ihn in den Mund. Alsbald legten sich der Mann und seine Frau
schlafen. Die junge Frau jedoch fragte ihren Mann:
»Erinnerst du dich noch an die Schwester der drei Brüder, an deine
alte Frau?«
Als das die grindköpfige Magd vernahm, zerbiß sie den Ring in
ihrem Mund. Im selben Augenblick starb die Tochter des Sonnen-
Khans. Am andern Morgen wurde sie begraben.
Nun machte sich Pajrahta auf und forderte des Mond-Khans Tochter für sich. Er bekam sie auch und nahm sie bei Tagesanbruch mit
sich. Die grindköpfige Magd aber wartete schon auf sie, und als sich
der Mann und seine Frau nach dem Festmahl zum Schlafen nieder-
legten, stahl sie wiederum den Ring und steckte ihn in den Mund.
Aber kaum hat sie den Ring in ihren Mund gesteckt, da hört sie schon
die Frau ihren Mann fragen:
»Erinnerst du dich noch an die Schwester der drei Brüder, an deine
alte Frau?«
Als das die grindköpfige Magd vernahm, zerbrach sie den Ring in

ihrem Mund in kleine Stücke. Des Mond-Khans Tochter aber starb zur selben Zeit. Am Morgen wurde sie begraben. Danach ging Pajrahta ins Haus, in das Haus des Lebens und des Todes. Er holte seine Dombra hervor und begann darauf zu spielen. Er spielte und spielte, als er jedoch zu dem Lied von der Schwester der drei Brüder kam, schleuderte er die Dombra zu Boden, daß sie in Stücke sprang. Danach stampfte er einmal mit dem Fuße auf und rief: »Zusammen!«, da sprang die Dombra wieder zusammen. Nun befahl Pajrahta: »Auf deinen Platz!«, da sprang die Dombra auf ihren Platz hinauf an den Nagel. Nun nahm Pajrahta seine Schwanenhals-Harfe zur Hand und begann auf ihr zu spielen. Er spielte und spielte, als er jedoch zu dem Lied von der Schwester der drei Brüder kam, da schleuderte er auch seine Schwanenhals-Harfe zu Boden, daß sie in winzige Stücke zerbrach. Danach stampfte er wieder einmal mit dem Fuße auf und rief: »Zusammen! Auf den Platz!«, worauf auch die Schwanenhals-Harfe auf ihren Platz zurückging.

Jetzt aber sprang das Mädchen, die Schwester der drei Brüder, hinter dem Kamin hervor, sie hielt Pajrahta die Augen zu und umarmte ihren Gemahl, so fest sie nur konnte.

»Du Schwester der drei Brüder, laß mich los, ich werde dich nimmermehr verlassen!«, rief Pajrahta, und seine Frau machte sich aus seinen Armen los. Dann gingen sie heim und seither leben sie zusammen in Glück und Reichtum.

In diesem Märchen ist eine Frau die Handlungsträgerin und Heldin. Mit ihren drei Brüdern lebt sie zusammen, denen sie den Haushalt versorgt, während die Brüder die nötige Nahrung herbeischaffen. Aber dieses Mädchen ist ein eigensinniges Geschöpf. Es erfüllt nicht die rechtmäßigen Erwartungen der Brüder, sondern scheint in ihrer Abwesenheit der Liebe zu pflegen, so daß die hungrigen Jäger bei ihrer Heimkehr nichts zu essen vorfinden. Also wird sie aus dem Haus hinausgeworfen.

Das freiwillige oder unfreiwillige Verlassen des heimatlichen Hauses ist ein häufiger Märchenbeginn. Er markiert eine archetypische Situation; denn wir alle haben so begonnen: In der Geburt wurden wir hinausgeworfen aus der schützenden

Umhüllung, die uns im Mutterleib gewährt war. Eine neue Art zu leben hat damit angefangen.

Das Haus

▷ *Wichtig ist wieder, daß wir darauf achten, wie die Sprach-Bilder vor unserem inneren Auge erscheinen, wie wir sie dort sehen. Dafür sollten wir uns Zeit lassen, bevor wir weiterlesen. Denn der Buchtext ist nur ein Hilfsmittel. Er kann niemals die eigenen Gestaltungen ersetzen, die unsere Seele mit ihrer schöpferischen Kraft hervorzubringen vermag. Diese Kraft hat einstmals Phantasie geheißen. Aber das Wort hat heute eine Bedeutungsverengung erfahren, so daß ich es nicht gern gebrauche. Wir wollen versuchen, diese Seelenkraft nicht durch vorschnelles Haften an Gedanken oder oberflächliches Phantasieren stillzulegen, sondern versuchen, in Ruhe zu erwarten: Was sehe ich, wenn ich Haus höre und die Augen schließe?*

In unserem Haus sind wir *zu Hause,* das heißt wir fühlen uns dort wohl, weil wir dahingehören, weil da unsere Wohnung ist. Wir sind dort ganz bei uns und wie in der Mitte der Welt. Das Haus umschließt uns und grenzt uns nach außen hin ab. Es schützt uns vor Wind, vor Regen, vor Hitze, vor Kälte und Schnee, vor der Zudringlichkeit von Menschen, vor unerwünschten Tieren – mit einem Wort: es gibt uns Geborgenheit.

Besonders in den kälteren Erdzonen ist das Haus unser eigentlicher Lebensraum, der wichtigste Aufenthaltsraum des Kulturmenschen. Der größte Teil unseres Lebens spielt sich da ab, wo wir zu Hause sind. Aus diesem Grunde haben Menschen, die in kalten Gegenden mit langen Wintern wohnen, eine spezifische Wohnkultur entwickelt, ist das Haus doch unser erweiterter Lebensraum über unsere Haut hinaus. Von der Etymologie her stehen nämlich Haut und Haus in enger verwandtschaftlicher Beziehung. Denn unser von der Haut umgrenzter Leib ist der uns urtümlich gegebene Lebensraum, den niemand uns streitig machen kann. Die verschiedenen Häuser, in denen wir existieren, sind also: unser Leib, unsere Wohnung, die Erde, der ganze Kosmos. Nach den Stoikern (eine griechische Philosophen-Schule) ist die Welt das gemeinsame Haus von Göttern und Menschen.

Das erste *Haus,* in dem wir gewohnt haben, war der Leib unserer Mutter. Deshalb ist den Ägyptern das Haus auch zum Bild für Mutterschoß geworden. Die Göttin Hathor, die den Horus geboren hat, trägt deshalb den Namen *Haus des Horus.*

Die Römer haben den Ausdruck *domus aeterna* (ewiges Haus) für die Gräber geprägt. Diese letzte Wohnstatt haben die Völker häufig wie Häuser gestaltet, noch heute fallen uns bei italienischen Friedhöfen die häuserartigen Gebäude auf. Von den Äyptern erzählt der griechische Geschichtsschreiber *Diodor* im ersten vorchristlichen Jahrhundert: »Die Einwohner achten das zeitliche Leben ganz gering, hingegen legen sie höchsten Wert auf das Fortleben nach dem Tode ... Die Wohnungen der Lebenden heißen sie Herbergen, um anzuzeigen, daß wir uns nur kurze Zeit darin aufhalten. Die Gräber der Verstorbenen nennen sie *ewige Häuser,* weil sie eine grenzenlose Fortdauer derselben in der Unterwelt annehmen. Daher verwenden sie auf den Bau der Häuser wenig Fleiß, um so eifriger aber sorgen sie für die unübertreffliche Ausstattung der Gräber.«

Auch Jesus verwendet im Hinblick auf das Weiterleben nach dem Tode das Bild vom Haus: »Im Hause meines Vaters sind viele Wohnungen. Wenn es nicht so wäre, hätte ich euch dann gesagt: Ich gehe hin, um euch einen Platz zu bereiten? Wenn ich hingegangen bin und euch einen Platz bereitet habe, komme ich wieder und werde euch zu mir holen, damit auch ihr dort sei, wo ich bin« (Joh 14,2 f.).

Das Haus als Bild kann also durchsichtig werden
auf Mutterschoß
auf Unterschlupf und Geborgenheit
auf Wohnung und Lebensraum

auf die ewigen Wohnungen
auf den Ort *Gottes, an dem er uns erwartet*

Im Handlungsverlauf unseres Märchens markiert das Bild vom Haus geradezu die verschiedenen Stationen des Weges der Schwester der drei Brüder
als das Haus ihrer Herkunft
als das an eiserner Kette vom Himmel herabhängende Schloß, dessen goldener Boden auf die Erde herabstrahlt, dessen silbernes Dach zum Himmel hinaufleuchtet
als das Haus mit den beiden Alten, den Ureltern, die weiterhelfen auf dem Weg
als das Haus aus Gold, das Götterhaus, von dem es heißt, daß es »ein Haus des Lebens und des Todes« sei, in dem Pajrahta sich für gewöhnlich aufhält
als das Haus, in dem die beiden Liebenden endgültig Heimat finden.

Der Weg

▷ *Wie schaue ich ihn, wenn ich die Augen schließe?*

Alle diese *Häuser* liegen auf dem Weg der Schwester der drei Brüder. *Weg* ist der Menschheit zu einem Ur-Symbol geworden. Schon sprachlich liegt unserem Wort Weg *bewegen* zugrunde. Weg, das ist gehen können, ist die Möglichkeit, Fuß vor Fuß setzend vorwärts zu kommen in ein Unbekanntes, in neues Terrain. Weg ist nicht selbstverständlich da. Weg muß gebahnt werden. Im unwegsamen Land ist es schwer, Weg zu finden und vorwärts zu kommen. Als Europa noch Urwälder bedeckten, mußten unsere Vorfahren sich mühsam Pfade und Wege bahnen: durch das Untergehölz, an Sümpfen vorbei, Gewässer umgehend. War er erst einmal gespurt, konnte der Weg immer wieder begangen werden.

Weg, das ist eine der Grundfiguren unseres Lebens, ein Symbol, mit dem sich unser Leben beschreiben läßt; denn mit unserer Geburt sind wir auf einen Weg gesetzt worden und seitdem heißt es: gehen und diesen uns aufgegebenen Weg meistern. Wie das Knäuel, das die Heldinnen und Helden manchmal im Märchen bekommen, damit sie es vor sich herlaufen lassen und ihm folgen, so bekommen wir alle beim Eintritt ins Leben auch so etwas wie einen *Weg* mit, auf dem wir uns weiterbewegen sollen. Bei *C. G. Jung* heißt es dazu: »Insofern jedes Individuum sein ihm eingeborenes Lebensgesetz hat, hat jedes die theoretische Möglichkeit, diesem Gesetz vor allem zu folgen und damit zur Persönlichkeit zu werden, das heißt: Ganzheit zu erlangen... Schließlich und am Ende ist ja auch der Held, Führer und Heiland jener, welcher einen neuen Weg zu höherer Sicherheit entdeckt. Man könnte ja alles beim Alten lassen, wenn dieser neue Weg es nicht unbedingt verlangte, entdeckt zu werden und die Menschheit nicht mit allen Plagen Ägyptens heimsuchte, bis der neue Weg gefunden ist. Der neuentdeckte Weg in uns ist wie ein psychisch Lebendiges, das die klassische chinesische Philosphie *Tao* nennt und einem Wasserlauf vergleicht, der unerbittlich sich zu seinem Ziele bewegt. Im Tao sein, bedeutet Vollendung, Ganzheit, erfüllte Bestimmung, Anfang und Ziel und völlige Verwirklichung des den Dingen eingeborenen Daseinssinnes. Persönlichkeit ist Tao« (C. G. Jung: Werke. Band 17).

In eben diesem Sinne nennt sich Jesus *der Weg*. In diesem Sinne ist er »Anfang und Ziel und völlige Verwirklichung des den Dingen – und uns Menschen – eingeborenen Daseinssinnes«. »Niemand kommt zum Vater, außer durch mich. Ich bin der Weg, die Wahrheit und das Leben« (Joh 14,6). Diese Weg-Offenbarung Jesu kann man gar nicht genug meditieren, sie gibt immer neue Nahrung her.

Auf ähnliche Weise sind alle Helden und Heilande solche Wegfinder für die Menschheit gewesen. Immer, wenn eine neue Epoche anbricht, muß *Weg* neu gebahnt und gefunden werden. Aber auch jede Generation muß sich Weg in neues Gelände bahnen. Denn nie ist die Welt von heute genauso wie die Welt von gestern. Der Kosmos als Ganzes befindet sich in einer Bewegung, das heißt auf dem Weg.

Auch im Einzelleben muß jeder von uns täglich wieder neu

Weg finden und immer neu Fuß-fassend gehen. Denn Stehenbleiben ist Tod, Leben aber ist gehen. Leben ist Lebensweg finden von Tag zu Tag. Dazu noch einmal C. G. Jung: »Schon mit der Entscheidung, seinen eigenen Weg über alle Wege zu setzen, hat er (der zur Persönlichkeit herangereifte Mensch oder der Held bzw. die Heldin) eine erlösende Bestimmung zum großen Teil erfüllt. Er hat die Gültigkeit aller anderen Wege für sich aufgehoben. Er hat sich sein Gesetz über alle Konventionen gestellt… Konventionen sind nämlich an sich seelenlose Mechanismen, welche nie mehr können, als die Routine des Lebens erfassen… Der Mechanismus der Konvention hält die Menschen unbewußt, denn dann können sie wie das Wild auf altgewohnten Wechseln gehen, ohne Notwendigkeit bewußter Entscheidung. Diese unbeabsichtigte Wirkung auch der besten Konvention ist unvermeidlich, jedoch nicht minder eine furchtbare Gefahr. Denn wie beim Tier, so tritt auch bei den durch Routine unbewußtgehaltenen Menschen Panik mit all ihren unabsehbaren Folgen ein, wenn neue, durch die alten Konventionen nicht vorgesehene Umstände eintreten.«

In diesem Sinne ist Jesus von der verbohrten Priesterschaft seiner Zeit »für das Volk« in den Tod geschickt worden. Denn die Panik, die durch seine Botschaft entstehen mußte, sollte vermieden werden. Diese archetypische Situation – bedingt durch die Bewegung des Weltalls, des *Laufs* der Welt und der Dinge – hat es vorchristlich gegeben und wird es immer wieder geben. Auch im Rahmen der christlichen Verkündigung gibt es keinen Stillstand und keine für alle Zeiten gleicherweise gültige Konvention, so daß auch das Christentum notwendig weiterhin Helden und Heldinnen in der Nachfolge Jesu hervorbringen wird.

Nach Meinung der Wiener Paläontologin *Marie E. P. König* war der gestirnte Himmel das erste Lehrbuch der Menschheit. Und am Himmel konnte der Mensch auch *Wege* entdecken: die tägliche Sonnenbahn, den Lauf des Mondes und der übrigen Planeten. Am Sonnenweg war am deutlichsten ein Hinauf und Hinab zu beobachten. Die alten Ägypter nahmen an, daß die Sonne im Westen jeden Abend ihre schreckliche Nachtmeerfahrt antrete, wenn sie im Meer versinkt. Diese Vorstellung bot sich als Bild für den Weg der Toten an: Sie haben einen gefährlichen Weg in der Dunkelheit zu bestehen, bis sie den Übergang in die andere Welt geschafft haben. Weg schließt also auch das Phänomen des Übergangs in andersartige Welten oder Daseinszustände mit ein. Speziell für diesen Übergang haben die Mythen und religiösen Schriften auch noch andere Bilder gefunden, wie z. B. *die enge Pforte, das Nadelöhr, die schmale Brücke, das verschlingende Maul, die zusammenschlagenden Felsen, das große Wasser.* In unserem Märchen taucht das nie gefrierende Wasser auf.

Weg als Bild kann also durchsichtig werden
auf Bewegung
auf Lebensweg
auf den eigenen Weg
auf den Weg der Toten
auf den Weg ins ewige Leben
auf das Hinauf und Hinab
auf den Übergang in andere Daseinszustände

In unserem Märchen taucht das Bild vom Weg und vom Gehen immer dann auf, wenn die Situation ein Weiterschreiten verlangt. Erst wenn der Weg in das Ziel mündet, in das Einswerden von Pajrahta—Gottessohn und Menschenfrau—*Schwester der drei Brüder* ist die Wanderung vollendet.

Der Ring

Was kommt bei geschlossenen Augen in meine innere Schau, wenn ich ◁
Ring höre?

Marie E. P. König führt für den Steinzeitmenschen im Altpaläolithikum zu der Vorstellung des Kreises und Ringes folgendes aus: »Die Gestirne sah man im Bogen über den Himmel ziehen und konnte ihre Bahn durch die zum Halbkreis gebogene Linie wiedergeben... Die Gestirne mußten, um vom Westen zum Osten zurückzukehren, dem Glauben nach die spiegelgleiche Bahn unter der Erde durchlaufen. Daraus ergab sich der Gedanke vom Rundlauf der Gestirne und seine Darstellung als Ring. Dieser weite Begriff beinhaltete zugleich die endlose Wiederholung der kosmischen Vorgänge, die auf den Menschen bezogen, den Gedanken der immer wiederkehrenden Verjüngung einbeschloß. Deshalb gehörte der Ring, gleich in welcher Form, zum Totenkult. Büschelweise hängen Ringe an den keltischen Totenwagen, doch kannte auch der Jungpaläolithiker dieses Symbol. Er schnitzte Ringe auf die Knochenstäbe der Jung-Magdalenien (etwa um 10000 v. Chr.) ... und zeichnete sie zwischen die Tierbilder... Dieser Begriff wurde überliefert, er war auch den mittelsteinzeitlichen (etwa 10000 bis 4000 v. Chr.) Menschen vertraut. Sie zeichneten die kreisförmige Linie in roter Farbe auf Kieselsteine, die sie in der Kulthöhle ... deponierten. Der dargestellte Stein scheint bearbeitet zu sein, auf jeder Seite befindet sich eine Einkerbung. Damit teilt sich der Ring in einen oberen und einen unteren Bogen, die sich beide zusammen zur Rundung schließen. Sowohl der Kreis als auch das Linienkreuz waren Ausdruck der Weltordnung und konnten sich in diesem Sinn zum *Ringkreuz* verbinden. Dieses Ideogramm zeichnete der mittelsteinzeitliche Mensch ebenfalls auf die Kiesel, die in der Höhle Masa d'Azil gefunden wurden. Dieses Symbol blieb geistiges Eigentum der Menschheit, es ist an allen Enden der Welt zu finden und überdauerte alle Zeiten.«

Wir erkennen im Ring also ein uraltes – eigentlich kosmisches – Symbol der Menschheit, das in der Erfahrung mit den Gestirnen gefunden, erkannt und schließlich als Zeichen dargestellt werden konnte. In einem mythologischen Bärenlied der Ostjaken werden dem Winterschlaf haltenden Bären folgende Worte in den Mund gelegt:

Meine eine Tatze,
sie lauscht da
nach der wie ein Reifenring sich drehenden runden Welt,

sie lauscht da
nach der wie ein Reifenring sich drehenden Welt der Schaitaninnen.

Meine andere Tatze,
sie verbringt
einen tiefen Schlaf,
sie verbringt
einen festen Schlaf.
Mein einer Stern (Auge),
er blickt
auf die wie ein Reifenring sich drehende Welt der Schaitaninnen,
er blickt
auf die wie ein Reifenring sich drehende Welt der Schaitane.
Mein anderer Stern
er verbringt
einen tiefen Schlaf,
er verbringt
einen festen Schlaf.
Mein einer Pfahl (Ohr),
er verbringt
einen tiefen Schlaf,
er verbringt
einen festen Schlaf.
Mein anderer Pfahl,
er lauscht
nach der wie ein Reifenring sich drehenden Welt der Schaitaninnen,
er lauscht
nach der wie ein Reifenring sich drehenden Welt der Schaitane.

Aus diesem Gesang läßt sich noch etwas erahnen von der Faszination, die Reifen, Ring und Kreis auf den Menschen ausgeübt haben, der sich im ganzen Kosmos beheimatet fühlte. Nachdem diese Figuren erst einmal erkannt waren und dargestellt werden konnten, haben sie nicht aufgehört, die Seele zu bewegen.
Der Ring ist also ein Zeichen von kreisender Bewegung, von einer Bewegung, die im Drehen immer auf eine geheimnis-

volle Mitte bezogen ist. Diese Mitte wurde gefunden, nachdem je zwei der vier Himmelsrichtungen zunächst als miteinander verbundene Linien gedacht und schließlich in den Kreis eingezeichnet worden sind. In diesem Kreisrund mit den vier Kardinalpunkten leben wir alle. In diesem Kreis spielt sich Welt- und Menschenleben ab. Es ist ein Zeichen, auf das alle Schöpfung verwiesen ist. Wir empfangen in diesem Kreis unsere Lebenskraft – wir sind aber auch in diesen Ring gebannt oder gefesselt. Dadurch, daß er weder Anfang noch Ende hat, sinnbildet er das Sein ohne Anfang und Ende – eben Ewigkeit. Dementsprechend ist das ägyptische Schriftzeichen für Ewigkeit ein Ring.

Für die Germanen hatte der Ring von diesen kosmischen Kräften her ebenfalls seine Bedeutung. Sie empfanden, daß höhere Kräfte in ihm wirken, die sich auch den Trägern eines Ringes mitteilen. So trugen die germanischen Priester – wie übrigens auch die der Ägypter, Römer, Kelten – Ringe bei feierlichen Kulthandlungen. In einem solchen Ring war das germanische Wort *heilag* eingraviert, es bedeutet: »Mit Kraft erfüllt« (B. Schliephacke). So wundert es nicht, daß die Siegelringe Macht und Verfügungskraft zum Ausdruck brachten.

Der Ring also – in Bildrang erhoben – wird durchsichtig
auf das kosmische Kreisen
auf die kosmischen Kräfte, die dieses Kreisen bewirken
auf numinose Mächte
auf den Lebensraum der Menschen auf der Erde
auf Lebenskräfte für die Toten
auf die Ewigkeit als Sein ohne Anfang und Ende
auf das verbindende Band zwischen Mann und Frau
aber auch auf Fessel und Gefangenschaft
auf den Tanzkreis als Nachahmung des Reigens der Gestirne

In unserem Märchen taucht der Ring als Brautring auf. Er ist mit magischer Kraft aufgeladen, denn die Lebenskräfte der jeweiligen Braut Pajrahtas sind mit diesem Brautring verbunden. Das Durchbeißen des Ringes hat den sofortigen Tod der Sonnen- und der Mondtochter zur Folge.[8]

Im Anschluß daran spielt Pajrahta auf seiner Dombra und auf der Schwanenhalsharfe, zerstört sie und läßt sie sich wieder zusammenfügen. In diesem Bild könnte so etwas wie Zerstörung und Neuschöpfung von Welten zum Ausdruck kommen.

Die Wildgans

Wie kommt sie in meine innere Vorstellung? ◁

Nach *Bachofen* stehen Gans, Schwan, Ente, Storch und Wasserreiher in einer mythologischen Verwandtschaft. Alle sind Vögel, die in drei Elementen zu Hause sind: auf der Erde, im Wasser und in der Luft. Ihre Beziehung zu Sumpf- und Schlammgründen, wo Wasser und Erde sich mischen, scheinen ihm besonders bedeutsam, weil das der Urstoff ist, aus dem augenscheinlich alles Leben hervorsprießt. So sind für das Denken im Bild diese Tiere im Urstoff, dem Urchaos nahe beheimatet, aus dem alles Leben hervorgeht. Auch für *Hedwig von Beit* »entstammt die Gans der Urmaterie und ist ein Symbol für den Erdstoff selbst«. Infolgedessen ist die Gans grundsätzlich dem Mütterlich-Weiblichen verbunden. So gehört sie auch im Deutschen Märchen von der *Gänsehirtin am Brunnen* zu der Alten, die eine Mutterfigur darstellt und mit ihrer Gänseherde redet und spielt wie mit Kindern.

In Mythen wird von der Gans erzählt, daß sie das Urei gelegt habe, aus dem die Welt schließlich entstanden sei. Im griechischen Mythos erscheint die Urmutter und Rachegöttin Nemesis als Gans. In der Spätantike war die Gans in Griechenland der Aphrodite heilig und in Rom der Juno. Sie galt also als Sinnbild von Liebe und Fruchtbarkeit und – da sie monogam lebt – auch der ehelichen Treue.

---

[8] Zerbeißt *die Schwester der drei Brüder* vielleicht den *Sonnen- und Mondkreis,* so daß wir es mit einem nicht mehr verstehbaren Geschehen kosmischen Ausmaßes zu tun hätten, das sich als mythisches Wissen noch erhalten hat? – Wer will das heute wissen?

Auch die Holle soll gelegentlich als Gans erschienen sein – ist sie als Märchenfigur doch auch ein Bild der Erdgöttin. In Rußland und in Sibirien gebrauchen die Männer das Wort *Gans* als Kosenamen für ihre Geliebte und Frau.

Den Kelten war die Gans eine Botin aus der geistigen Welt. Die Bretonen hüteten sich davor, eine Gans zu essen, da sie ihr geheiligtes Tier war, Botin der himmlischen Welt. Bei den Druiden spielte die Gans eine Rolle bei der Einweihung, und der Gänsefuß als Schriftzeichen war ihnen ein heiliges Zeichen (vgl. Herder-Lexikon Symbole).

Gesichert ist, daß die Gans eines der ältesten Opfertiere war. Bei den Germanen wurde sie Wotan geopfert. Gänseopfer gab es auch in Rom, Griechenland und Ägypten. Es wird vermutet, daß sie in unmittelbarer Nähe der Tempel- bzw. Opferstätten aufgezogen wurden. In Ägypten gibt es eine Überlieferung, nach der der Schöpfergott aus dem Ei des *großen Schnatterers* hervorgekommen sein soll *(M. Lurker)*. Dort wird gelegentlich auch der Urgott Amun mit der Gans gleichgesetzt; ja, es gibt auch Darstellungen Amuns in Gansgestalt.

Schwäne und Gänse gelten den Skandinaviern als Lichtvögel, denn wenn sie von Süden zurückkehren, künden sie die sommerliche Lichtzeit an – nach der langen Winternacht.

Der russische Gelehrte *S. Patkanov* hat zwei uralte Heiligtümer der Ostjaken ausgemacht, die von den Menschen dort noch zu seiner Zeit (am Ende des vorigen Jahrhunderts) ungebrochen verehrt wurden, obwohl sie schon seit 170 Jahren zum Christentum bekehrt worden waren. In einer dieser heiligen Stätten soll sich einst ein Gott in Gestalt einer Gans befunden haben, die aus Metall gegossen worden war. Patkanov konnte diese Figur nicht mehr ausmachen, vermutete aber, daß sie in der Wildnis des Waldes noch versteckt war. Sicher war, daß sich im unzugänglichen Wald noch heilige Häuschen befanden, denen man eine reiche Ausstattung nachsagte. Wie dem auch sei, jedenfalls ist belegt, daß den sibirischen Menschen in der Gans – mindestens eine Zeitepoche lang – eine Gottheit aufgeleuchtet war. Und wenn in unserem Märchen Pajrahta als kleine Wildgans erscheint, so ist damit seine göttliche Herkunft ausgesagt.[9]

Die Gans als ein Bild in Märchen kann also durchsichtig werden
auf den Urstoff, aus dem alles Sichtbare kommt
auf den Urstoff, aus dem auch das Unsichtbare kommt – also auf das Göttliche
auf das Mütterlich-Weibliche
auf Liebe und Fruchtbarkeit
auf die Geliebte
auf eheliche Treue
auf die andere, die himmlische Welt
auf Licht, das das Dunkel erhellt

Der Kamin

Was für ein Bild erschafft meine Seele, wenn ich die Augen schließe ◁
und Kamin höre?

Wenn Pajrahta in unserem Märchen den Weg in das *Schloß*, das an eiserner Kette vom Himmel hängt, durch den Kamin nimmt, so ist es hilfreich, sich zu vergegenwärtigen, daß der Kamin in der Mitte des Hauses, der Weltachse gleicht, an der die »kreisrund sich drehende Welt« gleichsam aufgehängt ist und von der sie ihre Stabilität hat. Nach Marie E. P. König manifestiert sich an dieser Weltachse, die Zenit und Nadir verbindet, aber nicht gesehen, sondern nur *gedacht* werden konnte, erstes begriffliches Denken der Menschheit. Beim Hausbau nun konnte das abstrakt Vorgestellte in die Anschauung gebracht werden: So errichteten die Indianer ihre Hütten um einen zentralen Balken in der Mitte. In Europa und Sibirien stellt der Kamin – oder bei den Jurten der vom Feuer in der Mitte aufsteigende Rauch, der durch das Rauchloch

---

[9] *Pajrahta* ist eigentlich der tatarische Name für den obugrischen Gott-Heiland. Er heißt sonst auch *Hüter der Welt*. Und er taucht in vielen obugrischen Märchen als *Wildgans*, als *Goldgans* oder auch als *kleines goldenes Gänschen* auf.

abzieht – diese Weltmitte dar. Diese Weltsäule verbindet den tiefsten Abgrund mit der höchsten Höhe: also oben und unten, so daß alles, was um diese Säule herum wohnt, Halt bekommt. Pajrahta ist vertraut mit dieser Weltachse. Er benutzt sie zum Auf- und Niedersteigen. Die eiserne Kette übrigens, an der dieses Haus mit dem goldenen Boden und dem silbernen Dach aufgehängt ist, ist den Ostjaken ein anderes geläufiges Bild für die Verbindung von Himmel und Erde, oben und unten: Sie ist in ihrer Vorstellung die Leiter, auf der Turem oder Turemvater – ihr oberster Gott – seinen Sohn – in einer anderen Kultepoche war es der Bär – heruntergelassen hat. Schon diese Kette, die wir wie eine Art Nabelschnur zwischen Gottheit und Menschenwelt verstehen können, zeichnet dieses *Haus* oder *Schloß* als einen besonderen Ort aus. Und *die Schwester der drei Brüder* findet dort ja auch zunächst *himmlische* Speise und *himmlischen* Trank – die als honigsüß charakterisiert sind.

Der Staub an den Fußsohlen des alten Mannes

Mit den Fußsohlen haben wir Berührung mit dem Weg. Mittels dieser beiden Körperglieder können wir einen Weg *unter die Füße nehmen.* Nun, dieser Alte in der Hütte der Ureltern ist als *Urvater* alle Wege gegangen, die überhaupt gangbar sind, und er hat sich damit Er-fahrung erworben, denn fahren bedeutet ursprünglich das gleiche wie gehen. In dem festgewordenen Staub an seinen Fußsohlen hat sich diese Er-fahrung kristallisiert. Im bildhaften, schauenden Denken braucht *die Schwester der drei Brüder* also nur etwas von seinem Erfahrungswissen, um über die schreckliche Grenze des *nie gefrierenden Wassers* (in Sibirien ist das Wasser eben die meiste Zeit gefroren) in einen völlig neuen, noch unbekannten Bereich zu gelangen. Vom Urvater also hat sie durch die Urmutter den *Erfahrungsstaub* mitbekommen, der ihr helfen kann. Und die Urmutter hat ihr dazu den von ihr gesponnenen Faden mitgegeben, der den Weg weist, indem er sich aus dem Knäuel abwickelt.

Die Handlungsträgerin und Heldin dieses Märchens ist *die Schwester der drei Brüder*. Sie wird ihrer besonderen Liebesbegabung wegen aus dem heimatlichen Haus hinausgeworfen. Sie begegnet dem göttlichen Pajrahta und wird seine Frau. Sie durchbricht Pajrahtas Gebot und trägt so zu seiner Verletzung und zu seinem Weggehen bei. Sie findet sich mit Pajrahtas Verschwinden nicht ab, sondern macht sich auf den Suchweg. Sie gelangt zu den Ureltern und bekommt von ihnen Hilfe. Sie durchschreitet das große Wasser und erreicht das ganz andere Land. Sie findet das goldene Haus Pajrahtas. Sie opfert ihre Sehnen – das heißt doch wohl, daß sie hinkend wird –, sie verliert ihre Schönheit bzw. erkennt, daß sie in einem Zustand ist, der der göttlichen Atmosphäre nicht entspricht. Sie weiß ein Heilmittel für Pajrahta. Sie kämpft um ihren göttlichen Gemahl, indem sie die beiden Lebensringe der Sonnen- und der Mondtochter zerbeißt. Sie wendet sich mit aller Liebeskraft wieder Pajrahta zu. Sie beginnt mit Pajrahta ein neues Zusammensein »in Reichtum und Glück«.

Aber obwohl dieses Märchen das Schicksal und den schicksalhaften Weg dieser *Schwester der drei Brüder* erzählt, dreht sich schlußendlich die ganze Handlung doch um den göttlichen Pajrahta. Was bedeutet er für die Ostjaken?

Pajrahta

Patkanov berichtet, daß sie ihn als *die rechte Hand* des *Mitleid habenden* – wir würden sagen: barmherzigen – Turemvaters ansehen. In den Heldengesängen trägt er auch die Namen »Mann vieler Länder« oder »vielgewanderter Mann«. Denn er wandert immerzu auf der Erde unter den Menschenkindern, sieht alles und trägt es vor Gott. Turemvater selbst belohnt die Guten und bestraft die Bösen, Pajrahta aber ist der Vollstrecker des göttlichen Urteils – mindestens hat es Patkanov so verstanden. Auffallend ist, daß Pajrahta nichts gegen den Willen seines Vaters tut. Patkanov hat uns den Text einer Hymne zu Ehren Pajrahtas notiert, die uns ermöglicht, das

Wesen dieser Heilandsfigur der ostjakischen Vorstellung besser zu erkennen:

Hymne zu Ehren Pajrahtas

Starkholziger Bogen, er ist aus starkem Holze gemacht.
Er ist aus der ganzen Hälfte einer Heidekiefer verfertigt,
Von dummen Leuten, von Gänsen, ist er zu fein gemacht worden.

Birkenholz-Bogen, er ist aus dem Birkenholze verfertigt worden.
Aus der ganzen Hälfte einer Hainbirke ist er gemacht worden.

Der Borkenbogen ist mit der Borke verfertigt worden,
Die im Haine abgestreift worden ist.
Fünf ganze Hainbirken sind dazu verwendet worden.

Der geleimte Bogen ist mit Fischleim bereitet worden,
Wobei der Leim aus fünf Stören gekocht war.
Fünf ganze Kessel mit Fischleim waren bereitet worden.

Der Sehnenbogen, mit einer Sehne ist er versehen worden.
Aus fünf ganzen Haufen Tapar-Nesseln ist er verfertigt worden,
Die von dem Orte eines Tapar-Hauses gepflückt worden sind.

Zum anderen Streifen wurde Goldseide verwendet,
aus fünf ganzen Haufen wurde er bereitet.
Dummes Volk, Gänse, sie haben die Sehnen zu fein gemacht.

Wenn ich die schönen sieben Gegenden der Welt, die mein Vater berührt,
Durchstreifend schreite,
Den zahlreichen Söhnen der zahlreichen Männer, denen es mein Vater gestattete,
Reichliches Glück im Fischfange
Spendete ich auf das Haupt.

Und allen den zahlreichen Söhnen der zahlreichen Männer, denen es mein Vater nicht gestattete,

Reichliches Glück auf der Jagd
Warf ich auf das Haupt.

Von dem siebenschlündigen Himmelsmanne, meinem Vater,
Wurde die zusammengedrehte Sehne meines kurzen Verstandes kurz
gezogen.
In eine vierzig Klafter tiefe Grube
Gerade auf ihren Boden fiel ich.

Dreißig Jahre lag da der Mann, und als ich so lag,
Endete das Fleisch mir, fleischigem Manne,
Gerade auf dem Boden der vierzig Klafter tiefen Grube
Lag der Mann vierzig Jahre, und als ich so lag,
Waren mir, knochigem Manne, die Knochen zu Ende.

Gleich einem Rentiergeweih
Faulte ich dann ab.

Als ich zu dem siebenschlündigen Himmelsmann, meinem Vater,
betete,
Fielen von seinen Rossen zu mir drei goldige Haare herunter.
Von seinem Zimmermanne
Des starken Holzes guter Span fiel zu mir herunter.

Als ich den starken Span aus festem Holze,
Gleich Spielhölzchen der Kinder in feine Stücke spaltete
Und hierhin und dahin legte,
Endstand eine vierzigsaitige mit Saiten versehene Laute.

Die drei goldigen Haare zerschnitt ich in Stücke,
Ich nahm sie hierher und dahin:
Es entstand da eine vierzigsaitige mit Saiten versehene Laute.

Als ich die vierzig Saiten alle bis auf eine
Mit einem Hechtkiefer in Bewegung setzte,
Spielte ich da der Gebete zahlreiche Melodien.

Die Jungfrau mit den vierzig Faden langen Zöpfen, meine Schwester
Zog zu der Süd-Länder schöne Gewässer
Das zahlreiche Gänsevolk, das Gänsevolk mit höckrigen Brüsten
Führte sie längs des schönen Weges fort.

Und, indem sie zurückkommt,
Der vierzigsaitigen mit Saiten versehenen Laute
Schöne Melodie hörte sie da.

Gerade vom Boden der vierzig Klafter tiefen Grube,
Indem sie ihre vierzig Faden langen Zöpfe herunterließ,
Wurde ich mit Hilfe der vierzig Faden langen Zöpfe herausgezogen.

In dieser Hymne wird Pajrahta als in enger Verbindung mit
seinem himmlischen Vater stehend geschildert. Seinen Segen
spendet er den auf der Erde lebenden Menschen. Und er muß
hinhorchen, heißt es, wem sein himmlischer Vater diesen
Segen geben will und wem nicht. Zu diesem Vater betet
Pajrahta auch selbst, da er in Not gerät. Und er bekommt Hilfe
von seinem Turemvater, so daß er sich ein Instrument – eine
Laute – bauen kann. Auf dieser Laute aus himmlischem Holze
und goldigen Himmelssaiten kann Pajrahta »der Gebete zahl-
reiche Melodien spielen«. Als ein Orpheus tritt er somit in
Erscheinung, als einer, der den Klang aller Gebete der Men-
schen vor die Ohren des göttlichen Vaters bringen kann.
Aber im tiefen Loch sitzt Pajrahta, als ihm gelingt, mit diesem
Instrument den Klang der Gebete hörbar zu machen wie ein
Klangopfer. Diese Hymne erzählt nicht – wie im Märchen vom
Bärensohn – daß Pajrahta aus eigenem Antrieb in den Ab-
grund hinunterstieg, sondern es erzählt, daß Pajrahta aus
Ungehorsam dorthin geraten ist: »Den zahlreichen Söhnen
der zahlreichen Männer, denen es mein Vater *nicht* gestattete,
reichliches Glück auf der Jagd warf ich auf das Haupt.« Hier
wird so etwas wie ein Verhängnis sichtbar: der barmherzige
Gottessohn fühlt mit den Jägern – aber er handelt, ohne im
Einvernehmen mit seinem Vater zu sein. So gerät er in den
Abgrund. Dort sammelt er den Klang der Gebete, der so
überwältigend tönt, daß seine *Schwester*[10] auf ihn aufmerksam

---

[10] *Schwester* ist im Märchen häufig als Braut zu verstehen, das hängt
wahrscheinlich damit zusammen, daß in den Mythen Sonne und Mond
und andere Gestirne sowohl als Bruder und Schwester wie als zusam-
mengehöriges Paar angesehen wurden. Bruder und Schwester sind
ein Ur-Paar. In den obugrischen Märchen zumal bezeichnen die

wird und ihn mit ihren Zöpfen aus dem Loch herausholt. Das Motiv der Zöpfe bzw. des Haares als Leiter kennen wir aus *Rapunzel*, wo der Geliebte in den hohen Turm hinaufgezogen wird. Hier wird Pajrahta aus dem Abgrund heraufgeholt, und zwar von der »Hüterin der Gänse mit den höckrigen Brüsten« – das sind doch wohl die heiratsfähigen Mädchen, die sie, die Große Mütterliche in das *Südland* führt. Nach ostjakischer Sage ist dieser Weg der Hüterin der Gänse mit den höckrigen Brüsten als Milchstraße auch am Himmel sichtbar. Es wird gesagt, daß auch die Schwäne, Enten und Gänse auf ihren Zugflügen sich an der Milchstraße orientieren, so daß sie auch des Nachts den Weg nicht verlieren. Die Milchstraße heißt bei ihnen »Straße der Enten«.

Im Märchen vom Bärensohn hat dieser die gefangenen Mädchen mit einem Seil nach oben gebracht. In dieser Hymne ist es die *Gänsehirtin,* die den *Welthirten* – denn was anderes ist der *Hüter der Welt* als ein Hirt der Welt – wieder an den Ort seines Handelns bringt.

Auffallend ist der erste Teil der Hymne, der so ausführlich die Entstehung der Jagdwaffe Pajrahtas beschreibt. Wir erfahren dadurch etwas über die Vorstellung der Ostjaken von ihrem göttlichen Heiland. Er ist wie sie: ein Mensch, ein Jäger, dessen überdimensionaler Bogen mit ganz besonderer Sorgfalt gebaut worden ist.

Dieser Welthirte nun, das verehrte Vorbild der Männer, verbindet sich mit der *Schwester der drei Brüder.* Er liebt sie. Und um diese Liebe spielt das ganze Märchen. Denn die Liebe als die Vereinigung der Getrennten – der durch Scheidung in männlich und weiblich, geistig und fleischlich, in hiesig und jenseitig, in Himmel und Erde, in Gott und Mensch Gespaltenen – ist das Ziel der Welt. Unser Märchen und die Pajrahta-Hymne stimmen darin überein, daß es beidemale das weibliche Prinzip ist – im Bild *die Schwester der drei Brüder* und *die Schwester Pajrahtas* – das eine Lösung *auf dem Wege* bringt, das

Ausdrücke Bruder, Enkel, Großmutter oder Muhme, Tante und Onkel etc. nicht den Grad der Verwandtschaft, sondern eher der Bezogenheit aufeinander.

heißt, das Geschehen in Richtung auf dieses Ziel vorwärtstreibt. In beiden Fällen ist es eminent wichtig, daß der *Retter der Welt* der *Hüter der Welt,* der Welthirte – und -heiland – sein Amt ausübt. Die Welt scheint der Erscheinung des Retters dauernd zu bedürfen. In der Hymne haften ihm folgende Kennzeichen an:

Er ist ein Mensch seiner Zeit – hier ein Jäger
Er schüttet Segen aus – hier Glück beim Fischfang, bei der Jagd
Er fällt in die Grube – durch welchen Umstand auch immer
Er verwandelt die Schreie, die aus diesem Elend aufsteigen, in eine Melodie – hier durch die Laute, die er baut und spielt
Er wird aus der Not des Abgrunds gerettet – hier durch die Schwester, die ihn mit ihren Zöpfen herauszieht

Dieses Heilands-Muster ist bei allen vorchristlichen Völkern verbreitet. Wir finden es nicht nur bei den alttestamentlichen Propheten auf verschiedenste Weise ausgestaltet, sondern auch noch in Märchen enthalten. Im Jesusgeschehen ist es ebenfalls verwirklicht:

Er ist Mensch unter Menschen
Er entlastet die Bedrückten und heilt die Kranken
Er gerät in Ausweglosigkeit (Kreuzestod)
Er faßt in seinem letzten Schrei die Schreie aller Menschen in eine Melodie (das haben nicht nur die Komponisten gewußt, die seine *letzten Worte* vertont haben)
er wird aus der Todesnot gerettet

Unser Märchen nun erzählt von der *Partnerin* Pajrahtas her und zeigt auf, wie sie als Mithandelnde auf das Weltziel sich einsetzt und dadurch zu seiner *Mitarbeiterin* und *Miterlöserin* wird. Folgende Schritte lassen sich als wichtig festhalten:

Sie erkennt die Liebe als die für sie wichtigste Aufgabe
Sie verläßt dafür Heimat und Konvention (Wer denkt da nicht an Maria Magdalena, die »Sünderin« und Salberin Jesu?)

Sie erwidert Pajrahtas Zuwendung bei der Begegnung im »Vom-Himmel-herabhängenden-Schloß«
Sie hält sich nicht an Pajrahtas Anweisung und wird schuldig
Sie verzagt nicht, sondern macht sich erneut auf den Weg, den ihr entzogenen göttlichen Pajrahta zu finden
Sie gerät an das »fernste Ende der Welt, das selbst von Tieren verlassen ist«
Sie wagt den Weg über die nie gefrierenden Wasser
Sie opfert ihre Sehnen
Sie verzagt auch nicht, als sie im göttlichen goldenen Haus ihre Unzulänglichkeit erkennen muß, sondern zieht die Konsequenz daraus: sie wird eine Dienstmagd
Sie trägt aus dem Hintergrund zu Pajrahtas Heilung bei (Birkenrindentee)
Sie kämpft gegen die neuen Heiratspläne Pajrahtas, als er sich den kosmischen Kräften »Sonnen- und Mondtochter« zuwendet
Sie wendet sich Pajrahta wieder zu als seine Frau

Elemente einer Deutung

Die eingesprengten Deutungselemente, die bisher von mir in die Betrachtung dieses Märchens hineingekommen sind, beziehen sich auf eine universale Schau dieses Märchens. Es ist aber klar, daß es noch andere Sichtweisen gibt, die sich anhand dieses Textes ergeben können. Jeder, der sich mit diesem Märchen befaßt, wird für sich entdecken, was ihm selbst entspricht. Mich persönlich, als Frau und Ehefrau, berührt besonders die selbstverständliche und durchgehaltene Konsequenz, wie sie hier von *der Schwester der drei Brüder* erzählt wird – sofern wir sie als Figur für ein individuelles Schicksal verstehen wollen. Wenn es darum geht, das ihr eingegebene Lebensgesetz zu erfüllen, kennt sie kein Wenn und Aber. Am Anfang zeigt sich das als Durchbrechen der Konvention. Ferner wehrt sie sich nicht gegen den Rausschmiß durch ihre Brüder – denn sie ist sich einer anderen Berufung als der, die von ihr erwartet wird, sicher. In der Konsequenz ihrer Eigen-Sinnigkeit geht

sie im weiteren Verlauf mit Pajrahtas Warnung, ihren jüngsten Bruder nicht ins Haus zu lassen, genauso um, wie mit der Erwartung der Brüder an sie: sie nimmt sie nicht richtig ernst. Aber da zeigt sich, daß es Differenzierungen gibt. So muß ihr klar werden, daß ihre Aufgabe nicht Eigen-Sinn ist und Opposition schlechthin, sondern daß sie durch Fehlentscheidungen mühsam lernen muß, was nun wirklich ihr spezifischer Weg ist. Das wird ihr auch sofort nach dem Wegfliegen von Pajrahta klar: der göttliche Pajrahta ist ihre Aufgabe. Und also setzt sie sich voller Mut und Unbeirrbarkeit diesem Abenteuer aus. Durch nichts läßt sie sich abbringen von ihrem Vorhaben: durch keine an sich unübersteigbare Grenze, nicht durch einschneidenden Verzicht, der nicht nur *unter die Haut,* sondern bis an die Sehnen in ihrem Bein geht, nicht durch Schönheitsverlust, nicht durch Aufgebenmüssen der Selbständigkeit – sie läßt sich in Dienst nehmen und wird Magd –, nicht durch die schon besiegelte Abwendung ihres Mannes bei seiner neuen Heirat. Überzeugt davon, daß sie an seine Seite gehört, kämpft sie so lange, bis diese *Wahrheit* erfüllt ist. Auch hier darf das Märchengeschehen nicht plump als gültiges Gesetz verstanden werden, nach dem sich jedermann oder jedefrau zu richten hätte. Das Erzählte bleibt bildhafte Sprache in schauendem Denken, es erzählt kein Einzelschicksal. Dennoch kann es auch in Schicksalssituationen von einzelnen hineinwirken, wenn es betroffen macht, zum Nachdenken auffordert und dazu, sich auf das *innere Wissen* zu verlassen.
Dieses obugrische Märchen entwirft – unabhängig vom Christentum – ein Bild von der Frau, das sowohl unbeirrbare Eigenständigkeit markiert, als auch die Bereitschaft, Magd zu werden, für charakteristisch hält. Das letztere ist zwar unmodern, dennoch ist das Märchen in seiner Aussage völlig sicher. Denn es hat den Anschein, daß in unserem gegenwärtigen Weltzustand nur dann einigermaßen Harmonie zu erreichen ist, wenn die gegensätzlichen Pole beide gelebt werden können. Wenn nur die Eigenständigkeit verfolgt wird, stellt sich kein innerer Friede ein und damit auch kein Sich-wohl-Fühlen, keine Erfüllung, kein Erlangen des Ersehnten, kein

Glück. Nur eine Stufe höher, auf die wir – uns selbst überwindend – hinaufsteigen, entgehen wir dem Zerreißen.

Erich Neumann sieht sich – in seiner Untersuchung der Großen Mutter als Herrin der Tiere – genötigt, festzustellen: »Aber es gehört zu den Mysterien der Großen Mutter und zum Wesen ihres Geistcharakters, daß sie nur über den Tod das Leben und nur über das Leiden die Entwicklung zur neuen Geburt gewährt, ebenso wie sie als Herrin der Tiere und Menschen keine Geburt und kein Leben ohne Leiden zu gestatten gewillt ist.« Die Heilbringerin genauso wie der Heilbringer geraten in das *Leidensloch* – und ihre *Erlöseraufgabe* besteht darin, daß sie diesen Durchgang als einen wirklichen *Weg* sichtbar machen und in die Erkenntnis bringen. Es ist *der* Weg – in dieser Welt gibt es keinen anderen.

Jeder Erlöser zeigt in seiner Zeit und – da er *der erste* ist – für die neu sich ankündigende Epoche die Verhaltensweise auf, die *dran* ist auf dem Evolutionsweg zum Ziel des Menschseins. So können wir auch Jesus, von dem es heißt, daß er in bitterem Kampf auf dem Ölberg das Leiden angenommen hat, als den Heiland verstehen, der *den Geistcharakter* des *Großen Weiblichen* offenbart hat, das neues Leben nur durch Leiden und Tod hindurch gewährt. Jesus, der Mann, hat auch in dieser Form das Weibliche in seine Männlichkeit integriert. Und er hat damit für einen langen Weltenaugenblick eine Wegweisung *offenbart,* die in den zweitausend Jahren nach seinem Tod von der Menschheit noch längst nicht befriedigend angenommen worden ist. Zumindest zeigen sich in unserer Gegenwart, der auch tiefenpsychologische Erkenntnisse zur Verfügung stehen, neue Formen für eine Übersetzung ins konkrete Leben. Bemerkenswerterweise taucht in der Überlieferung des Ölberggeschehens schon das weibliche Symbol der Schale oder des Kelches auf, der getrunken – wir könnten auch sagen: als das Weibliche assimiliert – werden soll. Wahrscheinlich ist auch der heilige Gral in solchem Zusammenhang verstanden worden. Jedenfalls haben die Menschen schon jahrhundertelang über Kunstwerke davon schauend Kenntnis genommen. Ihr Herz hat verstanden. Es scheint unserer Zeit vorbehalten *zu sein, diese Schau* auch in die bewußte Erkenntnis zu nehmen

In unserer Zeit heißt das zum Beispiel auch, daß dieses *Große Weibliche* nicht nur mit größter Selbstverständlichkeit konkreten Frauen zugewiesen wird, sondern daß die konkreten Männer diese heilbringende Weisung auch für sich realisieren. In der Bildsprache unseres Märchens heißt das: »Wenn du einwilligst, daß wir aus deinem Bein die Sehnen herausnehmen, werden wir dich zu ihm bringen, wenn du aber nicht einwilligst, werden wir dich nicht zu ihm bringen.«

Das Mädchen willigte ein. Sie muß von da an auch eine Hinkende geworden sein.

3. Die Mos-Frau

Ein ostjakisches Märchen, 1898/99 in der Gegend von Obdorsk aufgezeichnet. Der Erzähler ist nicht bekannt[11].

In einer einsamen Hütte lebte einst eine Mos-Frau[12]. Eines Jahres, als schon der Frühling ins Land kam, brachte sie ihren schön bestickten und verzierten Pelz an die Sonne zum Trocknen. ›Mag er noch ein Weilchen trocknen!‹, dachte sie bei sich, danach ging sie ins Haus und versah ihre Arbeit. Als es Abend wird, geht sie hinaus, da sieht sie: der Pelz ist weg! Sie schaut rechts umher, sie schaut links umher, aber ihren Pelz findet sie nicht. Es hat auch kein Wind geweht, wo ist er nur geblieben?! Hat ihn etwa ein Mensch weggenommen?! Weit und breit schaut sie umher, doch sie sieht niemanden. Da bricht sie in Tränen aus:
»Warum habe ich ihn nur hinausgehängt? Noch meine Mutter hat ihn genäht, es sind nun wohl fünfundzwanzig Jahre. Aber selbst dreißig Jahre lang wäre daran nichts zerrissen! Ob wohl ein vierfüßiges Erdentier ihn geraubt hat? Ob wohl ein gefiederter Himmelsvogel damit fortgeflogen ist? Wo finde ich ihn nur?«, klagte sie vor sich hin. Dann legte sie sich nieder, doch sie konnte und konnte nicht einschlafen. In der Frühe stand sie rasch auf. Sie aß und trank, band sich ein Tuch um den Kopf und machte sich auf den Weg, wohin ihr Auge schaute.
Sie wanderte wohl eine lange Zeit, sie wanderte wohl eine kurze Zeit, schließlich spürt sie, wie ihr die Kräfte schwinden. Sie schaut sich um:

[11] Volksmärchen sind lebendiges Wort, dessen Klang gehört werden sollte. Deshalb ist zu diesem Buch eine Cassette erschienen, die – wenn auch über ein technisches Medium – Hören ermöglicht. Dennoch wird hier im Buch nicht auf den Märchentext verzichtet. Er ist jedoch nicht mehr als eine erst zu verlebendigende Notation. Denn Märchen leben ganz wesentlich aus dem Klang der erzählenden Stimme. Sie entbehren daher gewisser bei anderen Texten üblichen schriftstellerischen Mittel, die einer stummen Aufnahme allein über die Augen entgegenkommen. Deshalb empfiehlt es sich, Märchen mehrmals und laut zu lesen.
[12] *Mos:* die angesehenere Sippe unter den beiden wichtigsten Fratrien (Sippen) bei den Wogulen und den Ostjaken.

dort hinten steigt Rauch auf! Der Rauch kam ja aus einer Hütte! Drei ihrer Säulen sind in die Erde gesenkt, drei aber ragen gen Himmel. Die Mos-Frau geht zu der Hütte, sie wagt aber nicht einzutreten. Ob ein Mensch darin wohnt oder ein Teufel, wer weiß es! Sie lauscht. Nur das Knistern des Feuers ist von drinnen zu hören. Sie beginnt zu weinen. Da öffnete sich die Tür, und eine Frau trat ihr aus der Hütte entgegen: »Wer bist du?«, fragte sie die Mos-Frau.

»Ich bin die Mos-Frau aus der einsamen Hütte!« antwortete die Mos-Frau.

Da lief die Frau auf sie zu:

»Herrin, was hat dich hierher geführt?«, fragte sie.

»Der Pelz, den meine Mutter genäht, ist verlorengegangen.«

»Wie ist er denn verlorengegangen?«, fragte die Frau.

»Ich habe ihn zum Trocknen hinausgehängt, und er ist verschwunden. Ob ein vierfüßiges Erdentier ihn raubte ob ein gefiederter Himmelsvogel damit fortflog, ich weiß es nicht. Nun gehe ich, wohin mein Auge schaut, ihn zu suchen«, entgegnete die Mos-Frau. Die Frau aber küßte sie, führte sie ins Haus und gab ihr zu essen und zu trinken. Die Mos-Frau aß, aber so viel sie aß, so viel weinte sie auch.

»Weine nicht, mit Weinen findest du ihn niemals wieder!«, besänftigte sie die Frau.

»Gewiß, niemals werde ich ihn wiederfinden«, wiederholte die Mos-Frau.

»Warte nur, bis dein Schwager[13] heimkommt, vielleicht hat er ihn irgendwo gesehen!« tröstete die Frau, und sie hatte es kaum ausgesprochen, so hören sie schon, wie jemand kommt. Der Mann der Frau war gekommen. Er trat ein, sagte aber nichts.

»Merkst du denn nicht«, fuhr da die Frau ihren Mann an, »daß jemand bei uns ist, den wir kennen?«

»Meine Augen sind noch blind vom Frühlingswind, aber nun sehe ich schon: die Mos-Frau aus der einsamen Hütte ist hier«, sprach der Mann, dann fragte er die Mos-Frau: »Suchst du vielleicht irgend etwas? Fischend und jagend durchziehe ich das Land, ich wandere auf weiten Wegen, ich wandere auf nahen Wegen, aber ich habe nichts gefunden.«

»Der Pelz, den meine Mutter genäht hat, ist verlorengegangen, nun gehe ich, ihn zu suchen.«

---

[13] Im ostjakischen Sprachgebrauch drücken die Bezeichnungen *Alter, Alte* weniger das Lebensalter aus, als vielmehr eine ehrfürchtige Anrede. Ebenso bezeichnen auch die Wörter *Muhme, Enkel, Neffe, Schwager* nicht immer Verwandtschaft, sondern sind oft eine bloße Anrede.

»Hier treiben sich nur noch Teufel herum, aber keine Menschen«, sagte darauf der Mann.

»Dennoch, hast du nichts gesehen?«, fragte die Mos-Frau aufs neue.

»Hätte man ihn dort entlanggetragen, wo sein Weg entlangführt, so hätte er ihn sicher gesehen!«, antwortete die Frau an ihres Mannes Statt. Da ergriff auch der Mann das Wort:

»Frau, gib deiner Schwester ein Marder-Sommerfell! Im fernen Land, dort im einsamen Land, da wohnt ihre jüngere Schwester. Die weiß ihr vielleicht etwas zu sagen.«

Damit legten sie sich nieder. In der Frühe standen sie auf. Der Mann war schon lange fortgegangen. Reif wie das Fell eines Eichkätzchens bedeckte sein Lager. Sogleich erhoben sich auch die beiden Frauen, sie begannen zu essen. Aber so viel die Mos-Frau ißt, so viel weint sie auch!

»Meinen Pelz will ich suchen! Auch wenn es mich das Leben kostet, will ich ihn wiederfinden!« so klagte sie ihrer Schwester. Darauf küßte die Schwester sie, und die Mos-Frau machte sich auf und ging ihres Weges.

Sie wanderte wohl eine kurze Zeit, sie wanderte wohl eine lange Zeit, vielleicht wanderte sie auch einige Wochen lang. Einmal aber schwanden ihr wieder die Kräfte.

›Wenn ich auch heute noch nicht sterbe, so sterbe ich doch gewiß morgen‹, denkt sie bei sich. Da, als sie vorwärtsschaut, erblickt sie wiederum eine Hütte. Drei Säulen sind in die Erde gesenkt, drei aber ragen gen Himmel. Sie geht zu der Hütte, aber vor Schwäche konnte sie die Tür nicht öffnen. Da tut sich plötzlich von innen die Tür auf, eine Frau tritt heraus, sie faßt die Mos-Frau bei der Hand und geleitet sie ins Haus.

»Herrin, liebe Schwester, mein Schwesterchen, was ist dir geschehen?«, fragt sie.

»Die Augen sind mir geschwollen, auch sprechen kann ich nicht. Laß mich erst ein wenig zu mir kommen, gleich will ich alles erzählen«, entgegnet ihr die Mos-Frau. Da bereitet ihr die Frau ein Lager und gibt ihr zu essen. Die Mos-Frau fiel sogleich in einen so tiefen Schlaf, daß sie erst erwachte, als der Schwager kam. Die Tür tut sich auf, und gleich einem zottigen Bär tritt jemand über die Schwelle. Ganz nah kommt er an sie heran, beschnuppert sie, beobachtet sie. Die Mos-Frau erschrak.

»Ist denn ein Fremder gekommen oder was ist das, daß du so herumschnüffelst«, fuhr da die Frau den Mann an. Nun schlug die Mos-Frau aufs neue die Augen auf. Nun, was sieht sie? Dort an einem

Haken hängt das Bärenfell[14], und ein fürstlicher Held von selten schöner Gestalt steht vor ihr. Wahrhaftig, solch einen Mann sah sie noch nie! Jetzt hebt der Mann an und spricht:

»Mos-Frau aus der einsamen Hütte, was suchst du in diesem fernen Land, wohin sich nicht einmal ein Vogel verirrt?«

»Ich suche meinen Pelz, der mir von meiner Mutter geblieben ist«, antwortete die Mos-Frau.

»Dir ist doch nicht ein lieber Pelz verlorengegangen?«

»Ach doch! Hei, ich habe in diesem Pelz das ganze toremgeschaffene Land durchzogen, und er ist nicht einmal zerschlissen, nicht einmal gerissen. Hei, so ein Pelz war das! Und nun ist er verloren.«

»Weit fort ist dein Pelz«, sagt darauf der Schwager zur Mos-Frau. »Selbst ein Vogel könnte nicht dorthin gelangen, und gar eine schwache Frau wie du!«

»Ich will meinen Pelz wiederfinden, auch wenn es mich das Leben kostet!«

»Nun, wenn du klug bist, wird es dich vielleicht nicht die Seele kosten«, entgegnete der Schwager der Mos-Frau. Danach aßen sie und legten sich zur Ruhe. In der Frühe, als sie aufstehen, befiehlt der Mann sogleich seiner Frau:

»Frau, gib deiner Schwester einen Eichhörnchen-Sommerpelz!«, dann wendet er sich der Mos-Frau zu und fragt:

»Was hat dir dein älterer Schwager gegeben?«

»Er hat mir einen Marder-Sommerpelz gegeben«, antwortete die Mos-Frau.

»Dein älterer Schwager wußte wohl, was er dir geben mußte! Jetzt aber machst du dich auf den Weg. Unterwegs, am Lauf des Ob, auch an der Küste des Meeres wirst du bald vielen Menschen begegnen. Aber höre nicht auf sie, blicke sie gar nicht an! Wenn du sie schon hinter dir gelassen hast, wirst du auf eine Stadt treffen. Am Rande dieser Stadt steht ein Baum und auf dem Wipfel dieses Baumes ein Haus. Auf einem Balken unter dem Fenster dieses Hauses auf dem Baumwipfel, da ist dein Pelz[15]. Wenn du in die Nähe des Baumes

---

[14] Nach ostjakischer Auffassung – und diese Auffassung teilen auch die meisten Naturvölker Eurasiens – ist der Bär (anderswo vielleicht ein anderes Tier) kein Tier, sondern ein in ein Bärenfell gekleideter Mensch oder eine Gottheit. Darum spricht das Märchen von dem abgelegten Bärenfell.

[15] Der in dem Märchen erwähnte *Baum* ist eigentlich ein ostjakischer Opferplatz, dessen wichtigstes Zubehör das auf einem Baumast angebrachte Häuschen mit dem Götzenfigürchen irgendeines Geistes (oder einer Gottheit) ist.

kommst, leg das Marderfell an, das dein älterer Schwager dir gegeben hat. Zu beiden Seiten des Baumes liegen Hunde in einer Reihe,
aber fürchte dich nicht vor ihnen, sie bemerken dich nicht. Geh nur
ruhig weiter. Dann klettere auf den Baum und nimm dir deinen Pelz.
Bedecke dich mit dem Eichhorn-Sommerfell, aber daß du unterdes
ja nicht denkst: ›Na, endlich habe ich meinen Pelz‹ – denn augen-
blicks werden dich die Hunde in Stücke reißen. Nun also geh, aber
vergiß nicht, was ich gesagt habe!‹«
Die Mos-Frau machte sich auf den Weg. Sie wanderte wohl eine lange
Zeit, sie wanderte wohl eine kurze Zeit, schließlich, als ihr Fuß schon
müde wurde, erblickte sie auf einmal am Ufer des Ob Menschen, die
fischten mit einem Zugnetz. Der eine sang, der andere lachte. Doch
was hatte sie hier zu suchen, sie blieb nicht einmal stehen, sondern
wanderte nur immer weiter.
Sie wanderte und wanderte, bis sie plötzlich etwas gleich einer Stadt
vor sich erblickte. Vor der Stadt ist ein Baum, auf dem Baumwipfel
aber, kaum sichtbar, ein Haus. Sie geht näher, legt den Marder-
Sommerpelz an und beginnt hinaufzuklettern. Zu beiden Seiten des
Baumes liegen Hunde in eisernen Ketten. Kaum ein Fußbreit ist
zwischen ihnen, kaum kann man hindurchgehen. Dennoch geht die
Mos-Frau, sie nimmt ihren Pelz – keine Menschenseele ist zu sehen –,
sie legt das Eichhorn-Sommerfell an, und als wäre sie selbst ein
Sommer-Eichkätzchen, machte sie sich auf den Weg zurück. Wie sie
am Fuße des Baumes anlangt, denkt sie bei sich: ›Na, endlich! Ich
habe meinen Pelz doch wiedergefunden!‹ Aber im selben Augenblick, als sie dies dachte, stürzten sich auch schon die Hunde auf sie
und verschlangen sie auf der Stelle. Die Mos-Frau war tot, ihr Pelz
blieb dort, aber ihre Seele wanderte weiter[16].
Die Seele wanderte. Sie kam zum Hause der jüngeren Schwester, die
Tür schlug zu.
»Weh, sie ist tot!« sagte die Schwester und begann zu weinen. Die
Seele wanderte weiter. Sie gelangte zum Haus der älteren Schwester,
da schlug auch ihre Türe zu.
»Weh, sie ist tot, die von den Meinen in der Ferne war!«, rief die
ältere Schwester aus und begann zu weinen. Wieder aber wanderte
die Seele weiter, in ihre eigene Hütte. Dort verkroch sie sich zwischen
die vielen Wildfelle und die vielen Marderfelle. Aber vergebens

---

[16] Die Ostjaken glauben nicht an eine Seelenwanderung, sondern daran,
daß die nach dem Tode des Menschen eine Weile neben seiner Seele
existierende *Schatten*seele in Gegenstände und sogar in Personen ein-
ziehen kann.

kroch sie da hinein, sie konnte nicht auferstehen. So ging sie wieder aus dem Haus. Gerade begann die Erde sich zu erneuern, es war Frühling, und die Seele der Mos-Frau kroch in die Erde hinein. Wo sie in die Erde gekrochen war, da begann alsbald eine rote Blume zu wachsen. Sie wuchs und wurde größer, da kam eine Bärin vorbei und fraß die rote Blume. Doch kaum war die Seele der Mos-Frau, das nämlich war die Blume, in die Bärin gelangt, so wurde die Bärin von ihr trächtig und gebar ein Kind. Danach gebar sie noch ein Kind, als drittes Kind aber brachte die Bärin eine Chanti-Jungfrau, die Mos-Frau aus der einsamen Hütte, zur Welt.

»Eine Chanti-Jungfrau, ein himmlisches Mädchen habe ich geboren«, schrie da die Bärin auf.

Die Zeit verging, und sie zog sie mit den anderen zusammen auf. Als das Mädchen herangewachsen war, zog es Birkenrinde ab und nähte daraus so reichverzierte Birkenrindengefäße, daß es eine Pracht war!

Wie sie so miteinander die Tage verbringen, hebt einmal die Bärenmutter an und spricht:

»Mein Chanti-Mädchen, mein himmlisches Mädchen, geh fort von hier, geh fort irgendwohin! Ich spüre, es werden Menschen kommen und uns töten.«

»Ich verlasse euch nicht!«, entgegnete ihr das Mädchen. »Du bist meine Mutter, lieber sollen sie mich töten, und ihr bleibt am Leben!«

»Mein Chanti-Mädchen, mein vom Himmel gekommenes Mädchen, Gott Torem hat den Tag meines Todes bestimmt, du kannst mich davon nicht erlösen! Aber hernach, wenn du unter Chanti-Menschen kommst und sie beim Mahl mein Fleisch essen werden, dann verberge du, Chanti-Mädchen, mein himmlisches Mädchen, unsere Hände und Füße, unsere zirbelkieferzapfenschönen Nägel an einem stillen Platz am Ufer, damit unsere Seelen sie nach dem Tod wiederfinden. Wenn du auch weinst, vergiß es dennoch nicht!«

Wie sie so miteinander reden, hören sie plötzlich Menschen draußen hin- und hergehen. Darauf fuhr die Bärenmutter fort:

»Chanti-Mädchen, mein himmlisches Mädchen, du wirst uns noch sehen! Sobald die Abenddämmerung anbricht, wirst du unsere Seelen in der Gestalt von sieben Sternen am Himmel sehen. Fragt man dich, so sage nur: ›Das ist das Haus der Bärin.‹ Die sieben Sterne werden wir sein.«

In diesem Augenblick begann draußen das Volk, das Haus, die Tür des Hauses aufzubrechen.

»Mein kleines Mädchen, geh weiter zurück, damit sie nicht dir statt meiner ein Leid antun!«, ruft die Bärenmutter dem Mädchen zu. Das

Mädchen geht dennoch zur Tür und wirft ein verziertes Birkenrindengefäß vor das Haus. Als die Menschen das Birkenrindengefäß erblicken, heben sie an zu fragen:
»Wie kam nur dieses Birkenrindengefäß hierher?«
»Aus dem Innern des Hauses wurde es herausgeworfen!«, sagt einer. Sie betrachten das Gefäß, sie erkennen es nicht. Solche Muster macht niemand bei ihnen.
»Noch nie sahen wir solche Gefäße aus Birkenrinde! Wie kamen sie da hinein? Es wohnt doch kein Mensch im Höhlenhaus?«
Da warf das Mädchen abermals ein Birkenrindengefäß hinaus. Die Menschen erstaunten:
»Wie geht das zu? Noch nie gab es Birkenrindengefäße in eines Bären Haus!«
Jetzt rief die Bärenmutter ein zweites Mal ihrer Tochter zu:
»Mein kleines Mädchen, geh fort von hier!«
Aber auch diesmal hört das Mädchen nicht auf sie, sondern schleudert noch ein drittes Birkenrindengefäß zur Tür hinaus. Wieder riefen unter den Menschen einige: »Wie anders kamen wohl Birkenrindengefäße hierher, es ist ein Mensch im Höhlenhaus!«
»Wie kann denn hier ein Mensch sein?!« rufen andere dazwischen.
»Der Teufel haust hier, der Teufel, aber kein Mensch!«
Im Hause ruft wiederum die Bärenmutter:
»Mein kleines Mädchen, geh weiter zurück!«
Nun stecken die Menschen von oben einen Balken ins Haus. Durch die Höhlenöffnung will sich die Bärenmutter auf sie stürzen, doch das Mädchen hält sie zurück:
»Mütterchen, laß mich doch als erste hinausgehen!«
Die Bärenmutter hörte nicht auf sie. Der Tag ihres Todes ist gekommen, wie es Gott Torem bestimmt hat, sie muß sterben. Also trat sie aus der Höhle, die Menschen aber fielen über sie her und töteten sie. Danach hoben die Menschen erneut an zu schreien:
»Es sind noch zwei kleine Brüder darin! Noch zwei Jungbären sind daringeblieben!«, und sie steckten ein krummes Balkenholz in die Höhle. Der ältere Jungbär packte es, doch das Mädchen rief ihm zu:
»Bruder, laß mich doch gehen!«
»Schwesterchen, Chanti-Jungfrau, himmlisches Mädchen, nach uns werden sie auch dich hinauszerren, bleib nur hier!«, entgegnete er dem Mädchen. Da zerrten die Menschen auch den jungen Bären hinaus, draußen aber töteten sie ihn. Nun begann das Mädchen den jüngsten Bruder anzuflehen:
»Bruder, ich bin eine Jungfrau, höre auf mich! Laß sie mich an deiner Statt hinauszerren!«

Doch der Junge ließ es nicht zu:

»Sollen sie mich doch zuerst hinauszerren! So sterbe ich früher, und meine zwei Augen brauchen es nicht mitanzusehen, wie sie dich quälen.«

Da zerrten die Menschen auch den zweiten Bruder hinaus und töteten ihn. Drinnen im Haus brach das Mädchen in Tränen aus. Die Menschen kommen näher, sie lauschen: aus der Bärenhöhle dringt menschliches Weinen!

»Was kann das sein?!«, fragen sie einander. Sie horchen genauer hin. Wirklich Menschen-Weinen! Sie wollen schon fortgehen, als das Mädchen die Stimme erhebt:

»Ihr habt die Meinen alle getötet! Warum tötet ihr nicht endlich auch mich?!«

»Ein Mensch! Man müßte ihn herausziehen! Aber wie nur?«, so rufen sie durcheinander. Da faßt sich der jüngste Sohn des Stadtfürsten ein Herz, er geht in die Höhle und bringt das weinende Mädchen heraus. Was sehen sie: mit fürstlichem Marderpelz, mit seidenem Tuch ist das Mädchen bekleidet! Da beginnen die Menschen untereinander zu flüstern:

»Die Feen-Frau, die Mos-Frau aus der einsamen Hütte, die hat der Sohn des Stadtfürsten aus der Höhle geholt!« So redeten die Menschen. Der Bursche aber setzte das Mädchen auf seinen Schlitten, von links her, dorthin, wohin man seine Frau setzt, dann zog er die Zügel an, und sie fuhren los.

Kurze Zeit fuhr er mit ihr, lange Zeit fuhr er mit ihr, endlich kamen sie in die Fürstenstadt. In der Stadt erzählt man schon weit und breit:

»Die Feen-Frau, die Mos-Frau aus der einsamen Hütte, die hat der jüngste Sohn des Stadtfürsten-Alten zur Frau geholt!«

»Da hat er recht getan«, sagte darauf der Stadtfürsten-Alte, und sie führten das Mädchen ins Haus. Sie machten ihm einen Vorhang aus Seide und teilten ihm einen Frauen-Winkel ab, und von nun an lebte das Mädchen bei ihnen.

Unterdes brachten die Männer auch seine Mutter und seine Brüder herbei. Mit lauten Freudenschreien versammelt sich das Volk, und man beginnt die Bären zu häuten. Derweil spielt der Spieler, es singt der Sänger, es zaubert der Zauberer, ein jeder tut das Seine. Danach wird gegessen und getrunken, und die Tänzer tanzen. Das Mädchen aber weint und weint hinter seinem Vorhang. So heftig weinte es, daß seine Augen schon ganz geschwollen waren. Dann, als der Tanz zu Ende war, beginnt das Mädchen achtzugeben. Es beobachtet, wohin die Menschen die Nägel der Bären verstreuen, die Zirbelzapfen-

Nägel ihrer Hände und Füße, dorthin geht es, liest sie alle zusammen und trägt sie hinaus in den stillen Wald entlang des Ufers. Dort legt es sie nieder, mögen ihre Seelen sie wiederfinden![17]
Als sie zurückgeht, hört sie plötzlich, wie ihre Bärenmutter, ihre Bärenbrüder auf sie zukommen. Sie hört, wie ihre Seelen miteinander reden:
»Ich habe die Chanti-Jungfrau, das himmlische Mädchen, geboren! Meine Fußnägel, meine Fingernägel darf man nicht mit Füßen treten! Weh, der Chanti-Mann hat ihr gefallen, meinen Befehl hat sie vielleicht schon vergessen!«
Als sie näher kommen, hört sie wiederum:
»Chanti-Jungfrau, himmlisches Mädchen, dein Weinen hat uns hierhergeführt. Sieh, wir haben unsere Fußzapfen, sieh, wir haben auch unsere Fingerzapfen gefunden. Schau, unsere Seelen fliegen jetzt auf in den Himmel! Chanti-Jungfrau, mein himmlisches Mädchen, sieben Sterne werden am Himmel erscheinen. Schau, der siebente Stern, das bin ich! Zu meiner Linken und zu meiner Rechten meine zwei Kinder. Das Haus der Bärin – so sollst du dieses Sternbild heißen, und alsbald, wenn deine Tränen versiegt sind, sollst du es auch dem Volk sagen, denn es weiß davon noch nichts. Man wird dich bald fragen: ›Warum heißt dieses Sternbild Haus der Bärin?‹ Dann sollst du ihnen sagen: ›Sie hat die Chanti-Jungfrau, das himmlische Mädchen, geboren. Die Fee, die Mos-Jungfrau aus der einsamen Hütte, sie war ihre Tochter, darum heißt es Haus der Bärin!‹ Doch nun sollst du zurückgehen! Morgen wird man alsbald zu dir sprechen: ›Iß!‹ Aber du sollst ihnen also antworten: ›Ich esse nicht vom Fleisch meiner Mutter, ich kann das Fleisch meiner Bärenmutter nicht essen! Und wenn ihr mich auch sieben Winter und sieben Sommer nötigt, werde ich doch nicht einen Bissen essen! Wenn ich hier nicht bleiben kann, nun, so wandere ich weiter, wohin meine Augen schauen.‹«
So tat das Mädchen. Es ging ins Haus zurück und sprach, wie es seiner Mutter Worte ihm befohlen hatten.
Darob erschrak der Stadtfürsten-Alte. »Mein kleines Mädchen, meine kleine Schwiegertochter, du bist doch nicht etwa gekommen, um wieder fortzugehen?! Irgendeine Speise, die dir erlaubt ist, werden wir wohl auch hier finden!«
So blieb die Mos-Frau bei ihnen. Und seit sie zu ihnen gekommen ist,

[17] Nach ostjakischem Glauben kann man ohne Nägel die bis zum Himmel reichenden Berge, die zur jenseitigen Welt hinüberführen, nicht übersteigen. Deshalb wird auch das von den menschlichen Nägeln Abgeschnittene nicht weggeworfen.

ist das Volk gesund und glücklich. Auf der Jagd läuft ihnen das Wild geradezu über den Weg, und zur Fischfangzeit folgt einem guten Fang stets noch ein besserer. Alsbald gebar das Mädchen ihnen auch ein Kind. Dieses Kind zieht sie auch heute noch auf. Ich bin selbst schon bei ihnen gewesen!

Dieses Märchen wirkt zunächst etwas befremdlich auf uns. Es erschließt sich nicht sofort und nicht beim ersten Hören. Wir müssen schon etwas Geduld aufbringen und uns in den Verstehensraum hineintasten. Es lohnt sich, denn diese Märchen, die noch so nah am Herzen des Mythos erzählen, hat nicht irgendein Mensch erfunden – das Leben selbst ist ihr Inhalt. Menschen haben es in Sprache gebracht, die noch unvoreingenommen ins Leben hineinhorchen und Erfahrung gewinnen konnten.

Der Pelz

Unser Märchen beginnt damit, daß einer Frau ein Pelz abhandenkommt. Wir befinden uns in Westsibirien hinter dem Ural, in einem Wald- und Tundragebiet, das etwa 2000 km östlich von Moskau und breitengradmäßig ungefähr auf der Höhe von Helsinki liegt. Es herrscht Binnenlandklima. Der Winter ist lang und sehr kalt. Temperaturen bis minus 40 Grad sind keine Seltenheit. Die Menschen kleiden sich in Pelze. Das sind Fell-Kleider. Die Männer waren auf der Jagd, um für Nahrung zu sorgen. Die Frauen haben die Felle zu Kleidungsstücken verarbeitet. Im Winter wird das Fell nach innen gewendet getragen. Im Sommer schaut das Fell nach außen. Das Pelzgewand der Mosfrau ist kostbar: Sie besitzt es schon fünfundzwanzig Jahre lang, und was es ihr noch wertvoller macht: ihre Mutter hat es für sie genäht.

▷ *Wollen wir zuerst wieder die Augen schließen und erwarten, was vor unserem inneren Auge sichtbar wird, damit wir erkennen, wie unsere eigene Seele dieses Kleid gestaltet.*

Was ist ein Kleid aus Fell?
Wie läßt es sich durch-schauen?

Nur Menschen bedürfen der Kleidung. Tiere werden *angeklei-det* geboren. Ihr Federkleid, ihre Lederhaut oder ihr Fell sind festverwachsen und lassen sich nicht an- und ausziehen.
Der Mensch aber hat eine zarte Haut. Seine Behaarung reicht für seinen Schutz nicht aus. Er ist auf ein künstliches Kleid angewiesen und dies besonders in den kalten Weltgegenden.
Seit Menschengedenken haben Menschen für ihre Kleider bei den Tieren Anleihe gemacht und deren Felle zu ihrem Schutz gegen Nässe und Kälte verwendet.
Im Grimm'schen Wörterbuch der deutschen Sprache ist nachzulesen, daß das Wort *Fell* ursprünglich gleichbedeutend war mit lebendiger, durchbluteter Haut. Das hat sich bis heute noch in den Ausdrücken Brustfell, Bauchfell, Zwerchfell erhalten. Hier ist Fell auch noch eine lebendige Haut. Aber auch die Außenhaut des Menschen wurde als Fell bezeichnet. So hieß es von der Lippenhaut z. B. *kleinvelhitzeroter munt.* – Synonyme für *Fell* als Haut waren Balg, Haut, Pelz, Schwarte und Schind. Das letzte Wort ist als eigenständiges Substantiv ganz ausgestorben, nur noch das Verb *schinden* und die Berufsgruppe der *Schinder* haben sprachlich überlebt und zeigen die ursprüngliche Herkunft von *schind* gleich *Haut* noch an. Denn schinden bedeutete: die Haut abziehen; und der Pferdeschinder z. B. zog den Pferden eben die Haut ab und legte damit das Fleisch frei, das dann gegessen werden konnte.
In besagtem Wörterbuch finden sich noch folgende Redensarten, die den Zusammenhang von Pelz und Haut bezeugen:

○ *Du hast noch deinen alten beltz an, du hast noch deine alte haut, du beheltest noch deine alte weisz und gewonheit.*
○ *Einen andern beltz anlegen, alieno more vivere* (nach anderer Sitte leben).
○ *Hab ich doch den Franzosen noch eins auf den pelz gebrennt (Goethe).*
○ *Einem den pelz ausklopfen* (durchprügeln, *Luther*).

○ *Einem den pelz waschen* (ihn strafen, schelten).
○ *O wie enge wor mir der peltz (*wie ängstigte ich mich aus Furcht vor Strafe, *Gryphius*).
○ *He hett einen goden pelz (*er ist so fett, daß die Kälte bei ihm nicht durchdringen kann, *Gryphius*).
○ *Die henne macht einen pelz* (sträubt ihr Gefieder vor Kälte oder Unbehagen).

In einer Zeit, da die Menschen noch keine Schränke voller Kleider und Anzüge hatten, war das Kleid ihre zweite Haut. Es war ein Stück ihrer selbst, das sicher sowohl von ihrer Körperausdünstung, als auch von ihrer ureigenen Ausstrahlung durchdrungen war. Auch wir spüren noch etwas davon, wenn wir z. B. nach dem Tode eines uns nahen Menschen Scheu empfinden, seine Kleider anzuziehen. Umgekehrt kann aber ein ererbtes Kleid oder ein ererbter Mantel eine Aufgabe, einen Auftrag bedeuten. So scheint im Alten Testament (2 Kön 2) mit dem Mantel des *Elija* auch das Prophetenamt auf seinen Jünger *Elischa* überzugehen.

Das Anlegen eines neuen Kleides – heute der Kleiderkauf – schließt zumindest unbewußt die Hoffnung oder auch die Illusion ein, sich zu verändern. Die Bedeutung, welche die Mode bekommen hat, zeigt diesen unseren geheimen Wunsch ganz deutlich: wir möchten möglichst *up to date* verändert sein. Als meine Mutter alterte und zuweilen in eine depressive Stimmung verfiel, wußte mein Vater ein Heilmittel: »Wir müssen mal wieder ein neues Kleid für dich kaufen.« – *Neu* ist *jung,* und jung und neu verschönen auch den alten Menschen wieder. Natürlich sollte sich mit der äußeren Schale auch von innen her etwas verändern. Aber oft kann gar nicht festgestellt werden, was da das Primäre und was das Sekundäre ist. So soll das neue Kleid neuen Schwung, neuen Geist, neue Lebenskräfte nach außen zum Ausdruck bringen bzw. von außen her auf uns selbst wirken.

Diese Empfindung von der Bedeutung des Gewandes ist auch von jeher in den Religionen kultiviert worden. In den Kultfeiern und Liturgien haben die Priestergewänder, ihre Farbe und Form, stets eine Rolle gespielt und auch auf die Gläubigen ihre Wirkung ausgeübt. Wenn das weiße Kleid bei der Taufe angelegt wird, wenn ein Mensch die allgemeinübliche Kleidung gegen ein Ordensgewand eintauscht, wenn der katholische Priester zur Eucharistiefeier das Meßgewand anlegt, wenn die Braut ein Hochzeitsgewand trägt, dann bringen diese Gewänder immer etwas Spezifisches zum Ausdruck, das mit Auge und Herz aufgenommen wird.

In unseren Breiten ist das urtümlichste Kleidungsstück das Hemd. Das erste *Kleid,* in das ein Neugeborenes gehüllt wurde, war ein Hemdchen und das letzte, das dem Menschen angezogen wurde, das Totenhemd (das oft lange Jahre – selbstgewebt – im Schrank bereitlag und zur Vorbereitung auf das Sterben beitrug).

Das Kleid also ist die Hülle für unseren Leib, unsere zweite Haut, unser zweites Fell. Das Kleid hat zunächst Schutzfunktion: Kälte, Nässe, Hitze, Sonnenstrahlen abzuschirmen. Darüber hinaus ist das Kleid aber auch Ausdruck unserer selbst: unseres individuellen Geschmacks, unserer Wünsche, unserer unbewußten Bedürfnisse, unseres Versteck- oder Darstellungsspiels (Kleider machen Leute), unserer Farbvorlieben. Unser Kleid zeigt etwas von unserem Wesen, denn dieses bestimmt, was wir aus der jeweiligen Mode für uns auswählen. Auch die Knitterkleider, der Hang zur Jeansuniformierung, die aufgeblasenen Mäntel und Jacken bringen Tendenzen zum Ausdruck, die in der Luft liegen, und unsere Auswahl ist immer auch ein Bekenntnis.

Nach der Bibel sind die Kleider nötig geworden, als die Menschen eigenwillig wurden, als sie sich aus der Gottverbundenheit herauslösten – im Bild: das göttliche Lichtgewand ablegten –, als sie nach Selbstvergottung begehrten, da heißt es: »Sie erkannten, daß sie ›nackt waren‹, und Gott kleidete sie in Tierfelle« (Gen 3,21).

Im Zusammenhang mit unserem Märchen könnten wir festhalten: Das Fellkleid, der Pelz, den die Mosfrau nicht mehr findet, könnte durchschaut werden:

auf ihre eigene Haut
auf ihren Selbstausdruck
auf etwas, das notwendig zu ihr gehört
auf einen Teil ihrer selbst, ohne den sie nicht leben kann

Immer wieder betont das Märchen: von ihrer Mutter genäht, schon fünfundzwanzig Jahre alt. Der verschwundene Pelz mutet geradezu wie ein Symbol ihres Leibes an. In den Märchen hat *weben* und *nähen* oft Nähe zum *im Mutterschoß gewebt oder genäht werden.* Der Verlust dieses Pelzes ist also einer, der ans Mark geht. Erst wenn wir uns diesen Verlust als Katastrophe nahekommen lassen, können wir dem dramatischen Geschehen folgen, das dieses Märchen uns nahebringen will.

Der Opferbaum

Die Mos-Frau, deren *Haut,* »in der sie das ganze turemgeschaffene Land durchzogen hat« – wie es an einer Stelle heißt –, verschwunden ist, verläßt nach diesem Ereignis auch ihre Heimat und geht auf die Suche. Der Bereich, in dem sie zu Hause war, hat für sie seine Wertigkeit verloren. Ohne ihre *Umhüllung von der Mutter her* lebt sie dort nicht mehr *im Sinn.* Ins ferne, ins einsame Land muß sie gehen, dahin, *wo sich nicht einmal ein Vogel verirrt.* Aber das ist noch nicht die Endstation. Um ihren Pelz wiederzufinden, muß sie in eine Gegend, in die *nicht einmal ein Vogel gelangen kann.*
Im völlig Unbekannten, im fernen, total fremden Bereich ist ihr Pelzgewand gelandet. Und nur weil sie unbedingt entschlossen ist, ihn wiederzufinden, gibt ihr ein Wissender Auskunft: auf einem Baum, im Baumwipfel haben Menschen ein Haus errichtet. Dort hängt er, der Pelz. – »Was ist denn das?«, fragen wir uns.

▷ *Achten wir zunächst wieder auf das innere Bild, das sich einstellt – und schließen dazu die Augen. ...*

Was sinnbildet ein Baum?
Was sinnbildet ein Baum mit einem Haus *im Wipfel?*
Wie ist dieser Baum zu durchschauen?

Die religiösen Sitten der Ostjaken und Wogulen sind bis vor kurzem noch völlig naturverflochten gewesen. Ein Volk, das sich fast bis in die Gegenwart ausschließlich von Jagd und Fischfang ernährt hat, muß dem Wald und den Flüssen sowie den darin lebenden Tieren besonders verbunden geblieben sein. So sind auch ihre Kultorte keine großen Gebäude wie im Abendland. Ihre Kultorte liegen im Verborgenen, eingebettet in die natürliche Umgebung. So ist auch der Baum, von dem hier die Rede ist, ein Kultplatz, d. h. ein Ort, wo die Menschen des Gottes innewurden, wo sie die Begegnung mit dem Göttlichen gesucht haben.

Wenn im Märchen ein Baum Besonderheit bekommt und – in Bildrang erhoben – bedeutend wird, so hängt das mit der Erfahrung von Leben zusammen, die die Menschheit angesichts der Bäume machen konnten. Im Baum wird die Unverwüstlichkeit von Leben an-sichtig: Er überdauert Generationen, übersteht viele Winter und keimt regelmäßig im Frühjahr wieder – Bäume sind Zeugen des Lebens, sie strahlen es aus mit ihrer Feuchte, ihrer Kühle, ihrem Wachstum, mit den Lebewesen, die sie beherbergen.

In Bäume, mit denen sie also verbunden waren, wie mit ihrem eigenen Leben, haben die Ostjaken und Wogulen Wipfelhäuschen hineingebaut, als eine Art Heimstatt für ihren Gott. Der Bereich eines solchen Baumes war ihre Opferstätte. Er war Kultort, ein heiliger Ort. Dort nahmen sie Beziehung zu den göttlichen Mächten auf, erlebten sie diese, öffneten sich ihnen, verehrten sie. Dort auch einten sie sich dem Gott, indem sie von sich hergaben, was ihnen kostbar war: als Opfergabe.

Der Baum in unserem Märchen ist also als ein Opferplatz zu verstehen, der durchsichtig werden kann:
auf einen heiligen Ort
auf den Bereich, wo geopfert wird

101

auf einen Ort, *außer Raum und Zeit, wo Gott und Mensch in Verbindung geraten*
auf einen Ort, wo Entscheidendes zwischen Gott und Mensch geschieht
auf das, was wir heute Kirche *nennen*

Von den Ostjaken und Wogulen ist bekannt, daß die Sippen ihre Opferplätze geheimgehalten haben – auch vor ihren Frauen. Die Frauen kamen nämlich immer aus einer anderen Sippe, da diese Stämme Exogamie praktizierten. So erfuhren sie auch nicht, wo die Männer sich zum Opfer trafen. Jedenfalls haben die Forscher im vorigen Jahrhundert diese Zustände angetroffen. Seit wann das der Fall war, weiß niemand. In unserem Märchen aber wird auffallenderweise eine Frau an den heiligen Ort geführt, und dies anscheinend durch des Gottes eigenes Eingreifen: Denn hat nicht er seine Hand auf sie gelegt, dadurch daß ihr Pelz verloren ist, sie ihn suchen muß und ihn am gottgeweihten Ort findet?

Exkurs Opfer

In den Gruppen, mit denen ich dieses Märchen meditativ erarbeitet habe, hat sich immer Widerstand im Zusammenhang mit dem Wort *Opferbaum* und *Opferplatz* eingestellt. Das Phänomen muß beachtet werden. Was ist das? Wie kommt das? Mir scheint, daß die Opferidee in den letzten Jahrhunderten des Christentums immer mehr inflationiert worden ist. Einerseits hat sie etwas Unernstes bekommen, indem schon Kinder zu fragwürdigen *Öpferchen* angeleitet worden sind, andererseits hat sie etwas Überanstrengtes, Verkrampftes angenommen. Mir scheint, wir sollten wieder lernen, opfern nicht geschwollen und überbläht zu verstehen, sondern es einfach zu nehmen.

Der Impuls zum Opfer muß einmal ein die Menschen überwältigender ekstatischer Drang gewesen sein, wie wir ihn heute kaum mehr nachvollziehen können. Vielleicht ist er später von der Priesterschaft als eine Art Zwang weiter aufrechterhalten worden. Menschenopfer jedenfalls haben irgendwann ihren Sinn verloren. Davon, wie Menschenopfer durch Tieropfer ersetzt worden sind, haben wir einen anschaulichen Bericht im Alten Testament: Ein Engel – d. h. praktisch Gott selbst – greift ein und hindert Abraham daran, seinen Sohn zu töten. Er findet darauf einen Widder im Gestrüpp und bereitet diesen als Opfer zu (Gen 22,1 ff.). Das war der Beginn eines religiösen Umsturzes in der menschlichen Opfer-Vorstellung. Die nächste Kult-Revolution war die Ablösung der Tieropfer durch die Ackerfrüchte, wie sie in der Agrarkultur erzeugt worden sind. Noch vor einigen Jahren habe ich in Griechenland auf einem kirchlichen Fest erlebt, wie die Leute vor dem Trinken etwas Wein auf die Erde geschüttet haben. Wahrscheinlich haben sie nicht mehr gewußt, daß dies ein Opfergestus an die Erdgottheit ist, die den Wein hervorgebracht hat, aber »man hat das noch getan«. Bei uns erinnern heute noch am Erntedankfest die Erntegaben um den Altar an diese Kultepoche.

In der Entwicklungslinie der Opferkulte hat Jesus wiederum eine Kultrevolution eingeleitet: Er hat nicht nur die alttestamentlichen blutigen Tieropfer abgeschafft. Er hat im Grunde die alte Form des Opferkultes überhaupt abgelöst, indem er sich selbst *gegeben* hat. Und dieses sein *Sichgeben* geschah unauffällig, unekstatisch, ohne großartige Ankündigung. Es vollzog sich unter den Tagesereignissen am Tag vor seinem letzten Osterfest, während der Gefangennahme, der Verspottung, der Geißelung und der Kreuzigung. Und am Vorabend dieses Tages hat er dieses *Sichgeben* deutlich in sein Bewußtsein genommen und den Seinen, die ihm am nächsten waren, ebenfalls zu Bewußtsein zu bringen versucht, als er nämlich in einer schlichten Handlung das Brot nahm, es austeilte und sprach: »Mein Leib für euch gegeben.« Und als er danach den Becher kreisen ließ: »Mein Blut für euch ausgegossen.«

Wir Heutigen empfinden bei dem Wort *Opfer* Unbehagen und Opferscheu. Vielleicht hängt das damit zusammen, daß in den letzten zweitausend Jahren von uns noch nicht eingeholt wurde, was Jesus beispielhaft tat, als er *sich gab*. Dem Opfergeschehen aller Zeiten liegt nämlich eine Urfigur zugrunde, die eigentlich ganz einfach ist: Gott ist von Ewigkeit her ein Sich-Gebender, der sich in seiner Schöpfungsliebe so in die Welt hineingibt, daß diese ihren Schöpfer auch enthält *(A. Weis)*. Deshalb kann Gott selbst Mensch werden und – wie *Novalis* geschaut und weitergedacht hat – auch *Stein, Pflanze, Tier und Element*. Das Paradox, daß die Welt aus Gott kommt und ihn gleichzeitig beherbergt, hat zur Folge, daß sie gar nicht autonom existieren kann. Sie ist zuinnerst so von dem sich-gebenden Gott geprägt, daß sie sich auch geben muß, um in diesem Liebes-Gebe-Spiel zu bleiben, wenn sie nicht aus dem Sein fallen will. Die vernunftlose Kreatur lebt selbstverständlich in dieser Hingabe. Sie kann sich nicht gegen den Ausdruck des Göttlichen sperren, der in ihr schaubar wird. Nur der Mensch als ein Wesen, das sich entscheiden kann, muß diesen Akt bewußt vollziehen und Ja dazu sagen. Das heißt praktisch, daß es vornehmste Menschenaufgabe ist, diese Verbindung mit dem Göttlichen zu leben – als gleichfalls Hingegebene. Das sollte ein unangestrengter Liebesvorgang sein, und das ist schon das ganze *Opfer:* ein Im-Liebeseinklang-Sein mit Gott und seiner ganzen Schöpfung. Vielleicht könnte man sogar formulieren: Jesus hat die vorchristlichen Opfer durch das Liebesgebot ersetzt. Das Schöpfungsprinzip ist diese Liebe, in die wir einstimmen sollen. In dieser wesensmäßigen Zusammengehörigkeit ist der Christ ein Mensch, der in horchender, hingegebener Gott-Unmittelbarkeit zu leben versucht. Diese Bezogenheit hat überhaupt nichts Pompöses an sich. Sie ist ganz einfach, vollzieht sich im Stillen und ist unsere tägliche Aufgabe.

Auch Jesus hat niemals hervorgehoben, daß er *sich opfert*. Das Evangelium überliefert keine Rede von ihm, die eine Aussage darüber enthält, daß er ein großes Opfer darbringt (das haben erst die getan, die noch in der alten Opfervorstellung befangen waren). Aber zu seinen eindringlichsten Bitten an die Seinen gehört: »Liebt einander, wie ich euch geliebt habe! Es gibt keine größere Liebe als die, wenn einer sein Leben gibt für seine Freunde. Ihr seid meine Freunde… Ich habe euch Freunde genannt, weil ich euch alles offenbart habe, *was ich von meinem Vater gehört habe.*« Die Hingabe an Gott – das Opfer – besteht seit Jesus in der hörenden Verbundenheit mit dem Vater, in der wir des Weltsinnes innewerden und unserer Mitbeteiligung am ganzen Weltgeschehen.

C. G. Jung (Grundwerk, Band 4) macht den Opferaspekt auf seine Weise sichtbar. Er spricht Menschsein als »ein äußerstes Entfernt- und von Gott-Verschiedensein« aus. Und sieht Menschsein in dieser Zeitgestalt als »die Entzweiung Gottes in Gottheit und Menschheit« an – die wie jede Entzweiung eben Schmerz verursacht. Wenn der Mensch aber in einer sichtbaren Opferhandlung sich selbst dem Gott zuwendet und seine Liebesbindung an ihn zum Ausdruck bringt, erfährt er in diesem Tun so etwas wie eine vorweggenommene neue Einung. »Die Entzweiung Gottes in Gottheit und Menschheit und seine Rückkehr zu sich selber im Opferakt enthält für den Menschen die trostreiche Lehre, daß in seiner Finsternis ein Licht verborgen sei, das wieder zu seiner Quelle zurückkehren werde...«

Zwar zeigen wir heute wenig Neigung, unseren Horizont in eine solche Dimension auszuweiten. Wir sind zunächst einmal auf das aus, was uns persönlich am Leben behagt und suchen zuerst unsere kleine *Selbstverwirklichung,* die für einen begrenzten Lebensabschnitt durchaus ihre Berechtigung haben mag. Aber darob dürfen wir doch den großen Zusammenhang, in dem das Daseinsganze zusammengefaßt ist, nicht verlieren. Jeder von uns spielt seine Rolle in einem großen, Jahrmillionen andauernden Prozeß, der – das ist jahrtausende alte Gewißheit der Menschen – unser momentanes Fassungsvermögen weit übersteigt. Er wird sich auch unabhängig von unserem Zustimmungswillen vollenden. Dem Menschen mit seiner Geistbegabung steht es an, diese Horizonterweiterung zu vollziehen und das Hinhorchen auf den dem Weltganzen eingestifteten Lebenssinn nicht zu versäumen. Die Konfliktsituation, die sich daraus ergibt, schildert unser Märchen: der Pelz ist weg! Alle zur Verfügung stehenden Kräfte werden gegen dieses Hautverlieren mobilisiert. Dabei wäre bei den Raupen zu lernen, daß Hautverlieren eine Häutung ist, die neue Gestalt ermöglicht.

Das haben – in vorchristlicher Zeit – die Menschen erfahren und deshalb weitererzählt. Die Häutung vollzieht sich radikal und führt beim Opferplatz in den Tod. Aber die Seele der Mos-Frau verwandelt sich in eine Blume. So wird in bildhafter Sprache festgehalten, was jeder Mensch vom Leben wissen sollte.

Die rote Blume

▷ *Wollen wir zunächst wieder auf die Suche gehen nach der roten Blume in uns – dazu die Augen schließen und geduldig erwarten, was vor unserem inneren Auge sichtbar wird.*

Die Mosfrau ist nur in einer bestimmten Dimension tot. In einer anderen lebt sie weiter. Als *Seele* hat sie einen Drang zur Auferstehung in sich. In diesem Drang verfolgt sie zunächst die Spur, die sie hergekommen war, bis sie wieder in ihre alte Hütte kommt. Dort verkriecht sie sich in den Fellen, die sie angehäuft hatte. Aber das hilft nicht, *sie kann nicht auferstehen*, heißt es. Erst als sie hinausgeht und sich der warmen Frühlingserde anvertraut, wird sie umgestaltet und findet als rote Blume neues Leben.

Was ist eine Blume?
Was ist eine rote Blume?
Was bringt das Bild rote Blume *zum Ausdruck?*

Eine Blume ist ein Sproß, der grün aus der Erde dringt,
sich erhebt und dem Licht entgegenwächst,
Knospen ansetzt, die anschwellen, sich öffnen:
eine farbige Blüte erscheint.
Sie glänzt, duftet – welkt, fällt ab, vergeht.

Auf den frühen Menschen, der noch nicht so stark wie wir von seinem eigenen Denken in Anspruch genommen war, sondern unvoreingenommen und in Muße schauen konnte, muß eine Blume wie ein Wunder an Farbe und Gestalt gewirkt haben. Was die Sterne am Himmel, das sind die Blumen auf der Erde: Sie kommen und leuchten uns an und erfreuen unser Herz. Die Sterne sind Licht, das auf uns herabscheint, die Blumen aber sind von unten nach oben ausgerichtet: Sie sind Antwort der Erde auf das Licht der Sonne. So sind die Blumen ein schöner Ausdruck der Beziehung von oben und unten, von Erde und Himmel, von Licht und Farbe.

Julius Schwabe berichtet, daß es bei den Altmexikanern einen Ort mit dem Namen *Ort des Herabkommens* gab. Er wird auch als *Ort, wo die Kinder gemacht werden* bezeichnet und heißt außerdem noch *Ort, wo die Blumen stehen*. Die Beziehung Kind und Blume kennen wir auch: aus den Weihnachtsliedern besonders: »Es ist ein Ros entsprungen.« Das Heilandskind wird mit einer Blume verglichen: »Das Blümelein so kleine, das duftet uns so süß.« Dieses Heilandskind ist im Zusammenwirken von oben und unten geworden, der Blume gleich, die durch das Zusammenwirken von Licht und Stoff erblüht. Kind und Blume sind eben eine Frucht der Verbindung von Himmel und Erde.

Aber auch die Geliebte wird einer Blume verglichen. Der Dichter des *Hohenliedes* läßt sie sprechen: »Ich bin eine Blume zu Saron und eine Rose im Tal.« Und bei Goethe heißt es von ihr: »Und so tritt sie vor den Spiegel/All in ihrer Munterkeit/ Sieht mit Rosen sich umgeben/Selbst wie eine Rose jung« (mit einem gemalten Band).

Aber auch die Vergänglichkeit des Blühens ist von den Dichtern immer wieder nach innen genommen worden: »Der Mensch geht auf wie eine Blume und fallet ab (Ijob 14,2). »Der Mensch in seinem Leben ist wie Gras, erblühet wie eine Blume auf dem Felde. Wenn der Wind (der heiße, orientalische) darübergeht, so ist sie nimmer da« (Psalm 108,15).

Die Blume, die aus dem dunklen Schoß der Erde hervorwächst, steht in unmittelbarer Nähe zum Weiblichen. Sie ist *Kind* der Erdmutter, der Großen Mutter, die als lebengebende Göttin verehrt wurde. – Die rote Blume spricht schon durch ihre Farbe vom Leben. Denn rot ist Leben – sichtbar im roten Blut, das nur die Lebenden durchpulst.

So kann die rote Blume durchsichtig werden:
auf das Vegetative überhaupt
auf Wachstum und Leben
auf das Zusammenwirken von Licht *und* Stoff
auf das Wunder des Blühens
auf das Kind als menschliche Gestalt
auf Immer-Wiederkommen nach dem winterlichen Todesdunkel, also
auf Wiedergeburt
auf das Weibliche schlechthin, sowohl in seiner knospenden Schönheit
als in seiner Leben-gebenden Kraft

Auf der poetischen Ebene unseres Märchens taucht die rote Blume wie ein Wunder auf. Sie macht sichtbar, wie die Seele der Mosfrau aus der Vernichtung des Todes zu neuer Gestalt sich wandelt. Aber diese neue rotleuchtende Gestalt ist noch nicht die endgültige Erscheinung. Sie muß noch einmal ins Stirb-und-Werde. Eine Bärenmutter frißt sie und wird von ihr trächtig.

Die Bärin

▷ *Wie wird die Bärin uns innerlich sichtbar? Welche Gestalt nimmt sie* *an, wenn wir unsere Augen geschlossen halten und nach innen* *schauend warten?*

Eine Bärin kommt und frißt die rote Blume – so heißt es in unserem Märchen. Mit dieser Bärin taucht ein neues bedeutungsschwangeres Bild auf. Denn diese Bärin ist nicht irgendein Tier wie viele andere, sondern eine göttliche Erscheinung. Schon im Märchen vom *Bärensohn* sind wir der Bedeutung dieses *heiligen* Tiers nahegekommen. Im Märchen von der Mos-Frau aber taucht der Bär weiblich auf und hat damit seine eigene Symbolik.

In seiner Schrift *Der Bär in den Religionen des Altertums* hat *Johann Jakob Bachofen* – ein hervorragend humanistisch gebildeter Gelehrter – zusammengetragen, was ihm aus der Literatur der griechischen Antike zugänglich war und es dann –

zusammen mit Bildzeugnissen – einer gründlichen Reflexion und Deutung unterzogen.

Für die griechische Sprache ist der Bär nicht maskulin, wie bei uns, sondern ihr Bär ist *he arktos* (die Bärin). Diesem sprachlichen Phänomen ist Bachofen nachgegangen und hat festgestellt, daß die Griechen an diesem Tier vor allem seine mütterlichen Instinkte gesehen und bewundert haben. Bei griechischen und römischen Schriftstellern hat er die Annahme des Volkes bestätigt gefunden, daß die Bärinnen tatsächlich vorzügliche Mütter, ja sogar *Bildnerinnen* ihrer Kinder sind. Sie bringen nämlich bei einem Wurf Junge zur Welt, denen ihre spätere Bärengestalt noch nicht anzusehen ist. Wie kleine Fleischklumpen in Rattengröße werden sie geboren. Das ständige Belecken der Bärenmutter dieser ungestalten Masse aber sahen die Griechen als eine Art Formung an: Die Bärenmutter bringt ihre Jungen durch das Belecken erst in die richtige Gestalt. Bachofen vergewisserte sich um die Mitte des vorigen Jahrhunderts bei dem Tierwärter in Bern – wo bis auf den heutigen Tag Bären in einem Freilandkäfig gehalten werden, weil die Stadt Bern diesen Tieren ihren Namen verdankt –, daß ein Bärenwurf für gewöhnlich zwei Junge ans Tageslicht bringt, die weiß aussehen, nicht größer als Ratten und vier Wochen lang blind sind. In wenigen Monaten aber erreichen sie eine Größe, die niemand beim Anblick der Neugeborenen vermutet hätte. Die Bärenmütter aber pflegen bis dahin ihre Jungen besonders sorgsam – die Griechen fanden: aufopfernder als damals Menschenmütter. Sie verunreinigen niemals das selbstgemachte Nest, sie legen sich kreisrund – die Jungen schützend – um sie herum und verzichten längere Zeit auf Nahrung, um ihre Rolle als behütende und aufziehende Mütter zu erfüllen. So entstand die Auffassung, daß die Geburt von Bärenjungen erst nach einigen Wochen außerhalb des Mutterschoßes vollendet würde – durch die besondere Zuwendung und das aktive Tätigsein der Bärenmütter. Noch *Clemens von Alexandrien* greift am Ende des zweiten Jahrhunderts n. Chr. auf diese Vorstellung zurück, wenn er davon spricht, daß die Geburt der Nichtchristen noch nicht vollendet ist; er fordert die christlichen Lehrer auf, die Bärenmütter in ihrer Liebeshingabe nachzuahmen, wenn sie die Menschen für Christus gewinnen wollen, damit deren Geburt vollendet würde.

Die Vorstellung von der göttlich-liebevollen Hingabe der Bärenmütter an ihre Jungen scheint die Menschen jahrhunderte-, vielleicht jahrtausendelang bestimmt zu haben. Vielleicht haben die Menschenmütter tatsächlich Fürsorglichkeit ihren Kindern gegenüber von den Bärinnen gelernt. Wenn das auch ein ungewöhnlicher Gedanke für uns ist, so müssen wir doch feststellen, daß der Mensch nicht zwanghaft einem Instinkt unterliegt, sondern fähig zu gegenteiliger Entscheidung ist, was die Bärenmütter nicht können. Bachofen führt *Theokrit, Plinius, Ovid, Philostratos* und *Lucian* an, die davon berichten, daß in der mythischen Sage *Polyphem* seiner Braut einige Bärenjungen zum Geschenk macht, als er um *Galateas* Hand warb. Die Gabe sollte seine Liebesbeteuerung unterstützen. Bachofen schließt daraus, daß es allgemein Sitte gewesen sein muß, Bärenjunge bei der Werbung als Brautgeschenk mitzubringen. Er meint, der Mythos erfinde so etwas nicht, sondern nimmt es aus der Praxis in die Erzählung auf.

Wie dem auch sei, wir wissen heute, daß die Aino-Stämme auf Süd-Sachalin und den benachbarten Inseln noch am Ende des vorigen Jahrhunderts Bärenjunge in ihre Häuser genommen und für Bärenkult-Feiern großgezogen haben. Weil die Aino-Frauen die kleinen Bären auch an die Brust genommen haben und sie sich von den Frauen der benachbarten Stämme durch besondere Milde, Wohlwollen und Sitte auszeichnen, glaubt Bachofen, daß auch bei ihnen diese religiösen Gepflogenheiten die menschliche Rohheit gemildert haben.

Ganz besonders deutlich aber scheinen Volksbräuche, die in Attika noch zweihundert Jahre n. Chr. bezeugt sind, die Verehrung der mütterlichen Bärin, ihre Nachahmung und ihre Identität mit der Großen Göttin, der Großen Mutter zu beweisen: Die Bürgertöchter von Athen sind im Alter von fünf bis zehn Jahren einem Ritual unterzogen worden, das den Namen *Einbären* trug. Die eingeweihten Mädchen hießen nach der Weihe *Arktoi* – das heißt *Bärinnen* – eben nach der göttlichen Mutter. Sie bekamen nach der Weihe ein safrangelbes Gewand angelegt, das sie daran erinnern sollte, Nachahmerinnen der Bärengöttin zu werden.

Daß es zu solchen Einweihungsfeiern für Mädchen kommen konnte, setzt natürlich voraus, daß es auch in Griechenland und den zugehörigen Kulturländern einen Bärenkult gegeben haben muß, dessen letzte Ausläufer sich schließlich bis in die christliche Zeit gehalten haben. Bachofen unterscheidet drei verschiedene Entwicklungsstufen in diesem Kultgeschehen. Die älteste ist eine erdverbundene: Die erdbraune Bärin wird als identisch mit der Großen Mutter tellurischer Prägung erlebt und mit der »dieser stets gleichgestellten finsteren Nacht«. Diese Epoche ist von neuen Vorstellungen abgelöst worden, die einen uranischen Einschlag haben: Der dunkle Nachthimmel birgt das Licht in sich, die Göttin leuchtet strahlend als Großer Bär vom Himmel herab. Als »sternbekränzte Königin der Nacht« hat sie noch lange weitergelebt, wir begegnen ihr immer noch in Mozarts Zauberflöte. Auf der dritten Stufe wird sie schließlich zur Gebärerin des Lichts. Sie wird als Leukothea, als die das weiße Licht gebärende Göttin geschaut und verehrt. Vielleicht haben da ägyptische Vorstellungen mit Pate gestanden, wo eine lange Epoche hindurch die sternbesäte Himmelsgöttin Nut als diejenige galt, die allabendlich den Sonnengott verschlingt, um ihn am Morgen wieder zu gebären.

Diese Lichtgebärerin hat in den Mysterienreligionen fortgelebt, als eine Licht-Mutter, bis schließlich in einer erneuten Kult- und Kultur-Umwälzung die Vorstellung von einem Vater des Lichtes sich durchsetzte. Bachofen bemerkt: »In den Mythen knüpft sich an die Erscheinung der Arktos (d. h. der Bärin) stets der Untergang einer früheren Welt.« Wir haben dieses Phänomen schon im Märchen *Der Bärensohn* aus den Bildern vom Rübenacker und dem Bärenalten, der sich die Rüben stiehlt, abgelesen. Auch das Märchen von der Mos-Frau legt diesen Gedanken nahe. Es erzählt auch von einem gewaltigen Kulturbruch und dem Beginn einer neuen Epoche.

Bei dieser Geschichtsträchtigkeit des Bären bzw. der Bärin wundert es nicht, daß dieses Tier noch heute, wenn auch als Stofftier in fast allen Kinderbetten zu finden ist. Zwar weiß niemand mehr, warum die Eltern ihren Kindern die Teddybären kaufen und ins Bett mitgeben. Unser Unbewußtes – und vor allem das der Kinder – ist eben stärker als unser Intellekt. So dokumentieren wir auch als aufgeklärte Menschen des 20. Jahrhunderts, daß unsere Vorfahren die Bären verehrt haben, daß sie in diesen Tieren die Gottheit nahe gefühlt, daß sie in Kultfeiern Bärenfleisch gegessen und Bärenblut getrunken haben.[18]

Die Bärin bzw. die Bärenmutter als starkes Bild und Symbol wird also leuchtkräftig transparent:
auf das Mütterliche schlechthin, das sich liebevoll um die Vollendung der Geburt *bemüht*
auf die Muttererfahrung der Menschheit
auf die Vorstellung vom Großen Weiblichen, das ein anderes, ein neues Wesen in sich enthalten und zur Geburt bringen kann
auf die sogenannte Große Mutter
auf die Göttin und die ihr geweihten Kulte

---

[18] Nur so ist auch zu verstehen, daß das deutsche Märchen *Schneeweißchen und Rosenrot* sich solcher Beliebtheit erfreut. *Wilhelm Grimm* bekennt zwar, daß er den ersten Teil selbst erfunden und das ganze Märchen *nach seiner Weise* erzählt habe, aber er hat damit eine Intuition unter Beweis gestellt, die mit der Bärenkult-Forschung übereinstimmt: Bei den Ainos haben Kinder bis in die jüngste Zeit mit Jungbären in ihren Hütten gespielt. Und die einst erlebte Göttlichkeit findet in diesem Märchen noch durch das leuchtende Gold unter dem Bärenfell bildhaften Ausdruck. – Etwas anderes freilich ist die beschreibende schriftstellerische Manier seiner Zeit, zu der *Wilhelm Grimm* sich im ersten *selbsterfundenen* Teil hinreißen läßt, die den sonstigen Erzählstil der Sammlung ziemlich auffällig durchbricht. Deshalb wird ein versierter Erzähler die märchenfremden und unnötigen Beschreibungen aus dem vorigen Jahrhundert weglassen und das Märchen gereinigt zu Gehör bringen. Denn es ist der Bärensymbolik wegen und auch wegen der Symbolkraft von Weiß und Rot immer noch imstande, Menschen emotional zu bewegen. Man könnte auch sagen: Es spricht unsere Steinzeit-Seelenschichten an, und das ist für den intellektuellen Gegenwartsmenschen eine Notwendigkeit, damit er sich nicht von sich selbst abspaltet.

auf die tägliche Erneuerung der Welt in der täglichen Lichtgeburt des Tages

Der Stern

Wie schaue ich Stern in meinem Innern?   ◁

Das *Testament*, das die Bärin nach ihrer Tötung der Menschheit hinterläßt, ist die Nachricht von ihrer Verstirnung. Sie *verschwindet* nicht einfach – sie bleibt, zwar entzogen und an den Himmel versetzt, aber als Sternbild stets leuchtend anwesend.

Was ist ein Stern?
Was bedeutet es, daß es Sterne gibt?
Was haben uns Sterne zu sagen?

Stern – das ist zunächst einmal Licht in der Nacht, Licht in der Finsternis. Wir lichtverwöhnten und lichtgeplagten Menschen der Gegenwart müssen uns erst einmal zu Bewußtsein bringen, was für die Menschen ohne Elektrizität Finsternis gewesen ist. Wir können das gar nicht mehr richtig nachvollziehen. Und doch ist es wichtig, um zu begreifen was Licht ist – und speziell *Licht in der Nacht*. Es tut uns gut, wenn wir diese Erfahrung noch irgendwo machen können – vielleicht in einer Gegend, wo sich die Zivilisation noch nicht total ausgebreitet hat. Denn die geistige Finsternis, die erleben wir alle – trotz unserer Beleuchtungen. Wir werden leichter lernen, mit ihr umzugehen, wenn wir auch die natürliche Erfahrung von Finsternis erlebt haben, weil sie uns das Erfahrungs- und Denkmodell abgibt.
Der Stern also ist dem vorzivilisierten Menschen das unfaßbare, himmlische Licht gewesen, das tröstend die Dunkelheit durchbricht. Der Sternenhimmel hat immer faszinierend und tröstend gewirkt. Er hat dem Menschen eine Wirklichkeit bezeugt, die unerreichbar und doch wirklich da ist. Deshalb ist er der Menschheit immer geheimnisvoll vorgekommen. Auch

die unfaßbare Zahl hat fasziniert, genauso wie der funkelnde Glanz, der die Dichter zum Vergleich mit dem Auge angeregt hat. Unsere Sprache hat uns noch das Wort *Augenstern* erhalten.

Der für die Menschen auffallendste Stern – nach dem Mond – ist der Morgenstern gewesen, der zeitweise auch als Abendstern die Nacht ankündigt. Mit der Liebesgöttin haben ihn viele Völker identifiziert. Sie strahlt auf, wenn die *Venus* sich zeigt.

Ein anderer bedeutender Stern war der Polarstern, weil er den Meerfahrern Orientierung gegeben hat. Als Nord- oder Meerstern ist er in Gedicht und Lied eingegangen und in christlicher Zeit auf Maria bezogen worden, an der sich die Christen orientieren können.

Die Ägypter betrachteten die Sterne lange als Bewohner des Totenreiches. Man wünschte sich, als kleine Lampe mit anderen Sternen weiterzuleben und identifizierte das Sternbild Orion mit dem Herrn der Totenwelt, mit Osiris. Es gibt Texte, die davon erzählen, wie Isis in Gestalt des Sirius dem Orion, »der herrlichen Seele des Osiris« nachwandelt *(M. Lurker)*. Diese ägyptische mythische Vorstellung ist der unseres Märchens von der Bärenmutter als *Großer Bär* sehr nahe verwandt. Wir hören da, daß die Bärenmutter und ihre Söhne durch die Tötung nicht aus der Welt eliminiert sind, sondern daß ihre Seelen am Himmel erscheinen. Und dieses neu erscheinende Sternbild am Himmel bekommt einen Namen: *Haus der Bärin*. Ja, es wird auch erzählt, warum es so heißt: weil die Bärin das *himmlische Mädchen* geboren hat, das als eine Heilandsgestalt den Menschen in die neu angebrochene Kultepoche hinein helfen soll. – Bei den Ägyptern haben die Mütter überhaupt als *Haus* gegolten, als das *Haus,* aus dem das Kind hervorgekommen ist. So heißt Isis als Mutter des Horus z. B. auch *Haus des Horus.* Unsere Bärenmutter ist also das *Haus* des Chantimädchens. Und wenn dieses Haus jetzt leuchtend am Himmel steht, so wird damit vermutlich auch zum Ausdruck gebracht, daß in diesem *Hause* alle, die sich diesem *himmlischen Mädchen* anvertrauen und mutig in die sich wandelnde Welt hineinschreiten, dort auch Wohnung finden werden, wenn ihre Seelen nach dem Tod sich neu orientieren müssen. Die Vorstellung von den Toten in der Unterwelt hat sich in eine Vorstellung vom Weiterleben in einer himmlischen Welt gewandelt. Wahrscheinlich hat die Orientierung suchende Christenheit in der zweiten Hälfte des ersten Jahrtausends Maria ähnlich erlebt, wie die vom Christentum noch unberührten Menschen, die sich dieses Märchen vom *himmlischen Chantimädchen* erzählt haben, das dem Volk Gesundheit und Glück und schließlich *das Kind* gebracht hat. – Den Christen erinnert das *Haus der Bärin* übrigens frappierend an Jesu Wort, daß sein Vater im Himmel viele Wohnungen hat.

So kann der Stern als Bild und Symbol durch-sichtig werden:
auf Licht in der Finsternis
auf Orientierung in der Dunkelheit
auf Hoffnung im Finstern
auf die Toten, die weiterleben
auf die ewigen Wohnungen
auf die Liebesgöttin

Das Kind

Wie erscheint das Kind in meinem Innern, wenn ich die Augen ◁
schließe und erwarte, wie meine eigene Seele es erschafft – heute, in diesem Augenblick?

Was die Mos-Frau als Soteria, als *Retterin*, als *Heilandin* auf besondere Weise auszeichnet, ist in der Botschaft vom Kind, das sie zur Welt bringt, bildhaft ausgedrückt.

Kind – was ist das?
Welche Botschaft erreicht uns im Bild vom Kind?
Was für ein spiritueller Anruf kommt im Bild vom Kind auf uns zu?

Kind ist zunächst das Lebewesen, das aus Vater und Mutter geworden, sichtbar aber aus der Mutter kommt. Kind ist das,

was von der Mutter geboren wird. Vor allem aber ist ein
Kind immer ein Wunder, etwas Neues in der Schöpfung,
das es nie zuvor gegeben hat. Es ist ein neuer göttlicher
Impuls in seine Welt, eine sichtbar gewordene Botschaft
vom Leben.

Ein Kind ist ein von Tag zu Tag Werdendes, das sich –
entfaltend – ständig verändert. Es ist ein Geschöpf, das abhängig von mütterlich-nährender Hingabe und doch vom
ersten Augenblick an unabhängig von der Mutter ein eigenes Wesen ist. Es *handelt* gewissermaßen schon in seiner Geburt, indem es seine Eltern zur *alten Generation* macht –
denn unaufhörlich schreitet es trotz aller ersten Abhängigkeit weg von ihnen in ein Neues, Anderes, in die Zukunft.
»Das Kind ist potentielle Zukunft«, formuliert C. G. Jung,
und er stellt fest: »Es ist daher nicht erstaunlich, daß die
mythischen Heilbringer so oft Kindgötter sind. Das entspricht genau den Erfahrungen der Psychologie des einzelnen, welche zeigen, daß das ›Kind‹ eine zukünftige Wandlung der Persönlichkeit vorbereitet. Es antizipiert im Indivi-
duationsprozeß jene Gestalt, die aus der Synthese der bewußten und der unbewußten Persönlichkeitselemente hervorgeht. Es ist daher ein die Gegensätze vereinigendes Symbol, ein Mediator, ein *Heilbringer,* das heißt Ganzmacher«
(Werke, Band 9,I).

Aber auch als ganz normales Menschenwesen   jenseits der
seelischen Reifungsprozesse in uns Erwachsenen – vereinigt
das Kind Gegensätze in sich, z. B. Vergangenheit und Zukunft. Trägt es doch seine Ahnen in sich und ist gleichzeitig
auf Zukunft angelegt. Es ist ferner lange von seinen Eltern
abhängig, ihnen letztlich aber doch abgewendet; es ist voll
Ursprungskraft und doch so lange hilflos; es ist ein Wesen
im Anfang und weist doch auf die werdende Endgestalt der
Menschheit, auf die hin sich alles entwickelt.

Das Kind, zum Bild geworden, läßt sich also durchschauen:
auf das Wunder des Neuwerdens, auf Weltschöpfung vor unseren
Augen

auf Werden überhaupt
auf Neuanfang und die Fülle von Möglichkeiten, die ein Neuanfang
immer mit sich bringt
auf ursprüngliche Kraft, die spielerisch und mit Leichtigkeit sich
äußert
auf das Künftige
auf die werdende Zielgestalt des Menschen, die in jedem Kind ihrem
Ziel näherkommen will
auf das Rettende, Heilende, Ganzmachende
auf Erlösung, die im göttlichen Kind *in Erscheinung* tritt

Anregungen zur Deutung

Bei näherem Zusehen mutet auch dieses Märchen wie ein geschichtliches Dokument an – und nicht wie *eine schöne Geschichte,* die man sich zum Zeitvertreib erzählt. Die Hinweise, daß es ursprünglich als mythische Erzählung eine gewaltige Veränderung in der Auffassung vom Göttlichen zum Inhalt hat, sind unübersehbar.

Bachofens Beobachtung, daß die Bärin im Mythos stets dann auftritt, wenn vom Untergang einer früheren Welt erzählt wird, bestätigt sich auch hier. Die Bärin in unserem Märchen faßt eine Epoche ins Bild, in der das Mütterliche und Lebengebende als erste Kundgabe des Göttlichen erkannt worden war. Die *Bärenmutter* spricht in unserem Märchen: »Gott Torem hat meinen Tod bestimmt« – das heißt doch wohl: Eine Welt geht unter, und der Gott selbst führt eine neue herauf. Er führt sie in eine Zukunft, die sich vom Vergangenen absetzt. So ist es nicht möglich, daß die Bärin von dem ihr bestimmten Tod erlöst werden kann, wie ihre Tochter vorschlägt. Die alte Mutter weiß das und geht mit Mut und Zuversicht den tötenden Jägern entgegen. Diese Stelle beeindruckt heutige Zuhörer regelmäßig besonders stark. Sie betrifft uns nicht nur persönlich, sondern scheint treffsicher unsere eigene Weltsituation zu markieren. Wir alle wünschen mehr oder weniger heimlich oder offen, daß die Repräsentanten einer untergehenden Welt die Kraft aufbrächten, sterben zu lassen, was da sterben will – von der unerschütterlichen Zuversicht getragen, daß nicht sie, sondern die göttlichen Mächte selbst das Kommende heraufführen, dem das Abgelebte weichen muß.

Die Bärin wird getötet und ihre beiden Jungen dazu – aber es ist vorgesorgt. Sie selbst hat die Chantijungfrau[19], *das himmlische Mädchen,* geboren. Und in ihrer letzten Stunde gibt sie ihrer Tochter einen religiösen Auftrag: Sie soll den Menschen eine Botschaft bringen. Eine sehr tröstliche Botschaft ist es. Wir könnten sie uns etwa so übersetzen: Das Überlebte ist nicht Schutt und Müll geworden – nein, es ist in eine andere Seinsform eingegangen und scheint – so unvergeßlich bleibend – vom Sternenhimmel herab.

So erzählt dieses Märchen nicht das individuelle Schicksal einer Frau – wenngleich es von einer bestimmten Warte auch so gedeutet werden könnte. Von einem anderen Standort aber kann die Mos-Frau transparent auf Menschenschicksal überhaupt gesehen werden. Es läßt sich diese Geschichte nämlich auch als Weg der Erwählung verstehen, auf den die Menschheit durch die Gottheit gerufen wird. Die Mos-Frau ist dann so etwas wie ein Prototyp in diesem Erwählungsgeschehen: Ihr Pelz wird geraubt – wer hat ihr Kleid, »in dem sie das ganze turemgeschaffene Land durchzogen hat«, weggetragen? Aus der Erzählung wird ersichtlich, daß dies nur eine göttliche Macht getan haben kann. Denn es befindet sich am Opferplatz, am heiligen Ort.

Wie oft geschieht es, daß Gott, der *Ganz-Andere* vom nichtverstehenden Menschen nur wie einer erfahren wird, der wegnimmt. Die gute alte Haut, die vertraut war, in der es gut zu sein war, sie wird fortgezogen. Weg ist sie. Wo? – »Und wenn es das Leben kostet, ich muß meinen Pelz wiederfinden«, sagt die Mos-Frau. Und wir könnten gegenwartsnah ergänzen, »...damit ich in dem Umfeld weiterleben kann, in dem ich zu Hause bin, in dem ich mich auskenne, in das ich schließlich

---

[19] *Chanti* nennen die Ostjaken sich selbst. Wenn die Bärin ein *Chantimädchen* zur Welt bringt, dann schreit sie auf, weil sie ein Menschenkind geboren hat.

hineingeboren wurde. Ich will in dem sozialen Bereich bleiben, in den ich hineingehöre, in den Zivilisationsgewohnheiten, in den religiösen Gepflogenheiten, die ich schon von klein auf bei meiner Mutter (vielleicht auch der *Mutter Kirche*) kennengelernt habe. Ich kann doch nicht meine ganze Sozialisation drangeben, wo komme ich denn dann hin?«

In solcher Stimmung bricht die Mos-Frau zur Suche auf. Im Verlauf ihres Suchweges wird ihr auf der ersten Station ein Mardersommerfell mitgegeben – sie soll mit der Raubfähigkeit des Marders ihren Pelz wieder holen können. Auf der zweiten Station erfährt sie:»Weit fort ist er, selbst ein Vogel könnte dort nicht hingelangen, und gar eine schwache Frau wie du!« Dennoch bekommt sie den Weg gewiesen und noch ein Eichhörnchen-Sommerfell dazu, damit sie behend und flink wie ein Eichhörnchen etwaigen Verfolgern entfliehen kann[20]. Auf der zweiten Station erhält sie aber auch die Warnung: Sie soll nicht *denken*, sondern einfach handeln, und ganz im Handeln sein. Sie aber kann diesen Rat im entscheidenden Moment nicht realisieren. Ihr Denkmechanismus kommt wie gewohnt in Gang:»Jetzt habe ich meinen Pelz wieder!« Dieses *Denken* aber führt sie nicht vorwärts, sondern hält sie zurück im Vergangenen:

endlich ist alles wieder so, wie es war
endlich habe ich meine alte Haut wieder
endlich bin ich wieder die alte
endlich kann alles so weitergehen wie zuvor
endlich ist mein Suchweg zu Ende

Das alles bedeutet aber Stillstand und Ende. Und es ist konsequent, daß daraufhin der Tod eintritt. Dieses *Endlich-habe-ich-meinen-Pelz-wieder* entspricht nicht der Wahrheit. War die Mos-Frau nicht einen langen Weg gegangen? War sie nicht in ein fernes Land gelangt, wohin nicht einmal die Vögel hin-

---

[20] Der Mensch auf einer frühen Stufe hatte das Erleben, das Tier zu werden, dessen Fell er umlegt.

kommen? War ihr am Opferplatz nicht ein göttlicher Anruf begegnet? Hat sie im fernen Land nicht etwas ganz anderes kennengelernt als das, was ihr zuvor bekannt war?

Leben geht nie mehr zurück. Leben pulst immer weiter nach vorn. Die Mos-Frau wird *von Hunden verschlungen* – ist Bildsprache und meint: Was sie vorher war, das ist zu Ende. In dieser Sterbens-Erfahrung läßt sie alles los: den Pelz, der liegenbleibt, ihr bisheriges Leben. Ihre Seele aber sucht weiter. Sie sucht den Weg ab, den sie hergekommen war. Aber dort kann sie niemanden mehr erreichen und ist für niemand mehr erreichbar. »Tot ist sie!«, sagen die Schwestern. Die Mos-Frau vom Hinweg gibt es nicht mehr. Vom heiligen Ort nämlich kommt man anders zurück als man hingegangen war. Auch die eigene, altvertraute Behausung ist jetzt nicht mehr das, was sie einst war. Aber etwas anderes bietet sich jetzt der Mos-Frau an: die warme Erde – und sie kriecht hinein. Dieses Bildgeschehen mutet wie eine *Erdtaufe* an. Die Seele stirbt in die Erde hinein und wird von dieser als rote Blume wiedergeboren. Und in der Wiedergeburtsgestalt gefällt sie der göttlichen Macht, die jetzt in Bärengestalt auftaucht. Die Bärin kommt und frißt sie. Dabei könnte *fressen* auch als eine Form von *lieben* verstanden werden. (Hält unsere Sprache doch fest, daß wir jemanden *zum Fressen gern* haben können). Die göttliche Macht aber verschlingt nicht, um zu vernichten, sondern sie nimmt liebend in sich hinein, was sie neu ans Licht der Welt bringen will. Die Mos-Frau wird als Kind der Bärin in Menschengestalt wiedergeboren. Jetzt ist sie ein *Chantimädchen*, – das heißt ein Menschenmädchen, denn die Ostjaken bezeichnen sich selbst als *Chanti*. Gleichzeitig wird sie *himmlisches Mädchen* genannt. Denn sie hat ihre vorige Menschenexistenz überstiegen, ist ein göttliches Mädchen geworden. – Das ist – in poetisch-bildhafte Sprache verdichtet – ein Erwählungsweg, wie wir ihn auf die Menschheit als Ganzes, aber auch auf ein Einzelschicksal beziehen können.

Das göttliche Mädchen verbringt seine Kindheit in der Bärenhöhle: im Schutze der Gottheit. Dort hat es sein *Moratorium*, bis die Stunde kommt, wo es seinen Auftrag erhält. Dieser Augenblick tritt ein, als die Bärin und ihre beiden Söhne getötet werden. Ihre Aufgabe ist dreifach gegliedert:

1. Sie soll den Menschen eine Botschaft verkünden: Die Bärin – lange als göttliche Erscheinung erfahren und erlebt –, sie schaut von nun an als Sternbild vom Himmel herab. Und sie hat dort oben *ein Haus* – mit Wohnungen, könnten wir ergänzen.

2. Sie soll den alten Brauch des kultischen Bärenfleischessens beenden. »Morgen wird man zu dir sprechen: ›Iß!‹ Aber du sollst ihnen antworten: ›Ich esse nicht vom Fleisch meiner Mutter, ich kann das Fleisch meiner Bärenmutter nicht essen! Und wenn ihr mich sieben Winter und sieben Sommer nötigt, werde ich doch nicht einen Bissen essen!‹« Dieser Auftrag wird sehr eindringlich gemacht. Er bedeutet eine einschneidende Veränderung im täglichen Leben und damit im Kult- und Kulturgeschehen. Die *himmlische Jungfrau* muß einen neuen Abschnitt im Werdegang der Menschheit ansagen, der auf einer gewandelten Gotteserfahrung beruht. Neue Nahrung muß gefunden werden, das bestätigt auch der *Stadtfürstenalte.* »Irgendeine Nahrung, die dir erlaubt ist, werden wir auch hier für dich finden.« – Wer Kindern etwas, das sie nicht kennen, zu essen gibt, und das womöglich nicht angenehm riecht, der weiß, was veränderte Nahrungsgewohnheiten für eine Revolution sind. Dennoch wirkt dieser Umbruch nicht zerstörerisch, sondern *das Volk ist gesund und glücklich,* seit die Mos-Frau bei ihnen ist.

3. Die Aufgipfelung des Erwählungsgeschehens und des vollbrachten Auftrags aber wird am Schluß berichtet: »Alsbald gebar ihnen das Mädchen auch ein Kind. Dieses Kind zieht sie heute noch auf.« Und der Erzähler kann es sich nicht versagen, hinzuzufügen, daß er – visionär – dort gewesen und das Kind geschaut hat. Er hat damit die Endzeit visionär im Blick, die im Bild vom Kind – vom göttlichen Kind – anschaubar wird. Denn Menschsein wird weitergehen, bis das Zielbild des gottähnlichen, des gottunmittelbaren Menschen sich erfüllt. So steht schließlich auch die Mos-Frau prototypisch als eine weibliche Heilandsgestalt vor unseren Augen. Sie hat das

Stirb-und-Werde bestanden, ist dem göttlichen Auftrag gehorsam geworden und hat dazu beigetragen, daß *das Kind* in die nähere Erscheinung gerückt ist.

Wenn wir bedenken, daß dies vor-christliches Erzählgut der Menschen ist, staunen wir nicht nur darüber, wie der göttliche Geist auch außerhalb Israels wirksam geworden ist und verstehen aus der Vogelperspektive schauend, daß dies auch gar nicht anders sein kann, weil die ganze Welt aus dem göttlichen *Ur-Bild-Schatz* sich ableitet. Sondern wir erkennen auch, wie die frohe Botschaft des Evangeliums in ein Kollektivgeschehen eingebettet ist, das alle Menschen und Rassen auf der Welt erfaßt. Nur aus diesem Grund kann auch das Evangelium alle Menschen auf der ganzen Welt erreichen.

4. Der rote Riese

Ein schottisches Märchen, 1842 in Edinburgh gedruckt, erschienen in der Sammlung *Robert Chambers, Popular Rhymes of Scotland*. Aus den von *H. Aitken und R. Michaelis-Jena* zusammengestellten Anmerkungen im Band *Schottische Volksmärchen*, Düsseldorf und Köln 1965, ist zu erfahren, daß es über dieses Märchen eine Notiz aus dem Jahre 1549 gibt. Damals hat ein Lehrer am schottischen Königshof ausdrücklich festgehalten, daß er seinem Zögling, dem späteren König *James V.* dieses Märchen »The Red Ettin« erzählt habe. Auf diese Weise erfahren wir, daß die Märchen damals zum Bildungsgut auf höchster Ebene gehört haben[21].

E s waren einmal zwei Witwen, die lebten eine jede von ihnen auf einem kleinen Stück Land, das sie von einem Bauern gepachtet hatten. Die eine hatte zwei Söhne, und die andere hatte einen; und nachgerade kam die Zeit heran für das Weib, welches die zwei Söhne hatte, sie auszusenden, damit sie ihr Glück versuchten. Also trug sie dem ältesten Sohn eines Tages auf, einen Krug zu nehmen und Wasser vom Brunnen zu holen, damit sie ihm einen Kuchen backen könne; und je nachdem, ob er nun viel Wasser brächte oder wenig, werde der Kuchen entsprechend groß oder klein sein; und dieser Kuchen sollte alles sein, was sie ihm mitgeben könne, wenn er seine Reise anträte.

Der Bursche ging mit dem Krug zum Brunnen, füllte ihn mit Wasser und machte sich dann wieder auf den Heimweg; da aber der Krug

---

[21] Volksmärchen sind lebendiges Wort, dessen Klang gehört werden sollte. Deshalb ist zu diesem Buch eine Cassette erschienen, die – wenn auch über ein technisches Medium – Hören ermöglicht. Dennoch wird hier im Buch nicht auf den Märchentext verzichtet. Er ist jedoch nicht mehr als eine erst zu verlebendigende Notation. Denn Märchen leben ganz wesentlich aus dem Klang der erzählenden Stimme. Sie entbehren daher gewisser bei anderen Texten üblichen schriftstellerischen Mittel, die einer stummen Aufnahme allein über die Augen entgegenkommen. Deshalb empfiehlt es sich, Märchen mehrmals und laut zu lesen.

einen Sprung hatte, war das meiste Wasser herausgelaufen, bevor er zu Hause ankam. Also war sein Kuchen sehr klein; doch so klein er auch war, seine Mutter fragte ihn, ob er willens sei, den halben Kuchen zu nehmen mit ihrem Segen, und sie sagte ihm auch, wenn er lieber den ganzen haben wolle, so bekäme er ihn nur mit ihrem Fluch. Der junge Mann dachte, er habe einen weiten Weg vor sich, und da er nicht wußte, wann oder wie er wieder zu essen bekäme, sagte er, er wolle lieber den ganzen Kuchen haben, möge die Verwünschung seiner Mutter sein, wie sie wolle; also gab sie ihm den ganzen Kuchen und ihre Verwünschung dazu. Darauf nahm er seinen Bruder beiseite und gab ihm ein Messer, das sollte er aufheben, bis er zurückkäme, und er bat ihn, es jeden Morgen anzuschauen, und solange es rein und klar bliebe, könne er sicher sein, daß es ihm gut ginge; wenn es aber anliefe und rostig würde, dann wäre ihm gewiß ein Übel zugestoßen.

Also machte sich der junge Mann auf, sein Glück zu versuchen. Und er ging den ganzen Tag und noch einen Tag, und am Nachmittag des nächsten Tages kam er zu einer Stelle, wo ein Schäfer mit einer Herde Schafe lagerte. Und er ging zu dem Schäfer und fragte ihn, wem die Schafe gehörten, und der Mann antwortete:

»Dem roten Riesen von Irland,
der kam einst nach Bellygan,
Und stahl König Malcolms Tochter,
Der König von Schottland war.
Er schlägt sie, er bindet sie,
Er legt sie auf ein Band,
Und drischt sie alle Tage
Mit einem Silber-Stab.
Wie einst der Römer Julian,
Fürchtet er keinen Mann.
Es heißt, bestimmt sei einer,
Im Kampf ihn zu bestehn,
Doch ist der noch ungeboren,
Und so mag's noch lange gehn.«

Der junge Mann zog nun weiter, und er war noch nicht weit gegangen, als er einen alten Mann erspähte, der eine Herde Schweine hütete, und er ging hin zu ihm und fragte, wessen Schweine das wären. Der Mann antwortete:

»Des roten Riesen von Irland,
der kam einst nach Bellygan,

Und stahl König Malcolms Tochter,
Der König von Schottland war.
Er schlägt sie, er bindet sie,
Er legt sie auf ein Band,
Und drischt sie alle Tage
Mit einem Silber-Stab.
Wie einst der Römer Julian,
Fürchtet er keinen Mann.
Es heißt, bestimmt sei einer,
Im Kampf ihn zu bestehn,
Doch ist der noch ungeboren,
Und so mag's noch lange gehn.«

Darauf ging der junge Mann ein bißchen weiter und kam zu einem
dritten sehr alten Mann, der hütete Ziegen, und als er fragte, wessen
Ziegen das wären, bekam er zur Antwort:

»Der rote Riese von Irland
Kam einst nach Bellygan,
Und stahl König Malcolms Tochter,
Des Königs von Schottland Kind.
Er schlägt sie, er bindet sie,
Er legt sie auf ein Band,
Und drischt sie alle Tage
Mit einem Silber-Stab.
Wie einst der Römer Julian,
Fürchtet er keinen Mann.
Es heißt, bestimmt sei einer,
Im Kampf ihn zu bestehn,
Doch ist der noch ungeboren,
Und so mag's noch lange gehn.«

Der letzte von den alten Männern warnte ihn auch vor den wilden
Tieren, denen er begegnen werde, denn sie seien von ganz anderer
Art als alle, die er bisher gesehen hätte.
So ging der junge Mann weiter, und am Wege sah er eine große
Menge von greulichen Ungeheuern, ein jedes von ihnen mit zwei
Häuptern und vier Hörnern auf jedem Haupt. Und er fürchtete sich
so sehr, daß er davonrannte, so schnell er nur konnte, und froh war,
als er zu einem Schloß kam, das auf einem Hügel stand, mit weitgeöffnetem Tor! Und er ging in das Schloß hinein, um Schutz zu
suchen, und er sah ein altes Weib neben dem Herdfeuer sitzen. Er
fragte das Weib, ob er die Nacht über bleiben könne, da er müde sei

von seiner langen Reise; das Weib sagte, er könne wohl bleiben, doch sei es nicht ratsam für ihn, an diesem Ort zu verweilen, da er dem roten Riesen gehöre, und der sei ein schreckliches Ungeheuer mit drei Häuptern, der keinen lebenden Menschen verschone, welcher in seine Gewalt fiele. Der junge Mann wäre gerne weitergegangen, aber er fürchtete sich vor den wilden Tieren draußen vor dem Schloß, so beschwor er die alte Frau, ihn zu verbergen, so gut sie nur könne, und dem Riesen nicht zu sagen, daß er da sei. Er dachte, wenn er nur die Nacht über sich versteckt hielte, so könne er sich am Morgen davonmachen, ohne den wilden Tieren zu begegnen, und so der Gefahr entgehen. Aber er saß noch nicht lange in seinem Versteck, als der schreckliche Riese hereinkam, und kaum war er drinnen, hörte man ihn schon grölen:

»Schnüffle draußen, schnüffle drinnen,
Nach sterblichem Mann riecht es herinnen,
Sei er lebend, oder sei er tot,
Sein Herz soll mir würzen heute abend mein Brot.«

Das Ungeheuer hatte den armen jungen Mann schnell gefunden und zog ihn aus seinem Loch. Und als es ihn herausgeholt hatte, sagte es ihm, daß er sein Leben behalten solle, wenn er ihm drei Fragen beantworte. Die erste war, ob Irland oder Schottland zuerst bewohnt worden sei? Die zweite war, ob der Mann für das Weib oder das Weib für den Mann gemacht sei? Die dritte war, ob zuerst die Menschen oder zuerst die Tiere geschaffen worden seien? Da der Bursche nicht imstande war, auch nur eine von diesen Fragen zu beantworten, nahm der rote Riese einen Holzschlegel, schlug ihm damit auf den Kopf und verwandelte ihn in eine steinerne Säule.
An dem darauffolgenden Morgen nahm der jüngere Bruder das Messer heraus, um es anzuschauen, und er war sehr bestürzt, als er sah, daß es ganz rot war von Rost. Er sagte seiner Mutter, daß für ihn nun auch die Zeit gekommen sei, sich auf Reisen zu begeben; sie forderte ihn auf, den Krug zum Brunnen mitzunehmen um Wasser, damit sie ihm einen Kuchen backen könne. Da der Krug einen Sprung hatte, brachte er genauso wenig Wasser heim wie sein Bruder, und der Kuchen war ebenso klein. Sie fragte, ob er den ganzen Kuchen haben wolle mit ihren Verwünschungen oder den halben mit ihrem Segen, und wie sein Bruder, so dachte auch er, es sei besser, den ganzen Kuchen zu bekommen, gehe es mit den Verwünschungen, wie es wolle. – Darauf ging er fort, und wie es seinem älteren Bruder gegangen war, so erging es auch ihm.
Die andere Witwe und ihr Sohn hörten von all diesen Geschehnissen

durch eine Elfe, und der junge Mann beschloß, daß auch er auf die Reise gehen wolle und sehen, ob er nicht etwas tun könne, seine beiden Freunde zu erlösen. Also gab ihm seine Mutter einen Krug, um zum Brunnen zu gehen und Wasser heimzuholen, damit sie ihm einen Kuchen für seine Reise backen könne. Und er ging hin, und wie er das Wasser heimtrug, rief ein Rabe über seinem Kopf ihm zu, er solle auf seinen Krug schauen, dann werde er sehen, wie das Wasser herauslaufe. Und als er das Wasser rinnen sah, war er klug und gewitzt, nahm Lehm und verschmierte die Löcher damit, so daß er genug Wasser zurückbrachte, um einen großen Kuchen zu bakken. Als seine Mutter ihm nun anheimstellte, ob er den halben Kuchen mit ihrem Segen haben wolle, so nahm er ihn lieber als den ganzen mit ihren Verwünschungen, und doch war der halbe noch größer als das, was die beiden anderen Burschen alles in allem mitbekommen hatten.

So machte er sich auf den Weg, und nachdem er ein tüchtiges Stück gereist war, begegnete ihm eine alte Frau, die fragte ihn, ob er ihr ein Stückchen von seinem Kuchen geben wolle. Und er sagte, das wolle er gerne tun. So gab er ihr ein Stück vom Kuchen, und dafür gab sie ihm eine Zauberrute und meinte, die könne ihm nützlich sein, wenn er darauf achte, sie richtig zu gebrauchen. Darauf sagte ihm die alte Frau, die eine Elfin war, eine Menge Dinge, die ihm widerfahren würden und was er dann tun solle, und war einen Augenblick später vor seinen Augen verschwunden.

Er ging ein großes Stück weiter, und dann kam er zu einem alten Mann, der die Schafe hütete, und als er fragte, wessen Schafe das wären, bekam er die Antwort:

»Des roten Riesen von Irland,
der kam einst nach Bellygan,
Und stahl König Malcolms Tochter,
Der König von Schottland war.
Er schlägt sie, er bindet sie,
Er legt sie auf ein Band,
Und drischt sie alle Tage
Mit einem Silber-Stab.
Wie einst der Römer Julian,
Fürchtet er keinen Mann.
Doch fürcht' ich jetzt, sein End' ist nah,
Und das Schicksal bald zur Hand
Und du sollst sein, wie ich gleich sah,
Der Erbe von all seinem Land.«

Als er nun zu dem alten Mann mit den Schweinen und dem alten
Mann mit den Ziegen kam, wurde ihm von beiden die gleiche
Antwort zuteil, und als er zu der Stelle kam, wo die furchtbaren
wilden Tiere warteten, blieb er nicht stehen und lief auch nicht
davon, sondern ging furchtlos zwischen ihnen hindurch. Eines kam
heran, brüllend mit offenem Maul, um ihn zu verschlingen, aber er
schlug es mit seiner Rute, und es lag im gleichen Augenblick tot zu
seinen Füßen. Er kam bald zu des Riesen Haus, wo er anklopfte und
eingelassen wurde. Die alte Frau, die am Feuer saß, warnte ihn vor
dem furchtbaren Riesen und wollte ihn bewahren vor dem Schicksal
der beiden Brüder, aber er ließ sich nicht einschüchtern.
Und das Ungeheuer kam herein und sprach:

>>Schnüffle draußen, schnüffle drinnen,
Nach sterblichem Mann riecht es herinnen,
Sei er lebend oder sei er tot,
Sein Herz sei die Würze zu meinem Brot.<<

Bald hatte er den jungen Mann gefunden und forderte ihn auf
herauszukommen. Und dann stellte er ihm die drei Fragen, aber der
junge Mann war von der Elfin gut unterwiesen, und so war er
imstande, alle Fragen zu beantworten. Als der Riese seine Antworten
hörte, wußte er, daß es mit seiner Macht vorbei war. Und der junge
Mann nahm eine Axt und schlug dem Ungeheuer seine drei Köpfe
ab. Dann fragte er die alte Frau, wo die Königstochter sei. Sie nahm
ihn mit die Treppe hinauf und öffnete eine große Zahl von Türen,
und aus jeder Tür kam eine schöne Dame heraus, die dort von dem
Riesen gefangengehalten worden war, und eine von ihnen war die
Königstochter. Die alte Frau nahm ihn auch mit in einen niedrigen
Raum, und da standen zwei Steinsäulen, die brauchte er nur mit
seiner Rute anzurühren, und sogleich wurden seine beiden Freunde
und Nachbarn wieder lebendig.
Und die ganze Schar der Gefangenen war überglücklich über ihre
Erlösung, und alle versicherten, daß sie sie nur dem klugen Jüngling
zu verdanken hätten. Am nächsten Tag brachen sie auf an den Hof
des Königs, und sie waren fürwahr eine ritterliche Schar. Und der
König vermählte seine Tochter mit dem jungen Mann, der sie erlöst
hatte, und gab jedem der beiden anderen jungen Männer die Tochter eines Edelmannes zur Frau. Und so waren sie glücklich miteinander, solange sie lebten.

Mit diesem Märchen befinden wir uns in unserem europäischen Kulturkreis. Allen europäischen Märchen in unseren Sammlungen sind christliche Einflüsse anzumerken. In Schottland z. B. wurden schon im fünften Jahrhundert die ersten Klöster gegründet, die natürlich auch Missionsstationen waren. Die Erzähler im sechzehnten Jahrhundert, wie beispielsweise jener Lehrer von James V., waren also schon Kinder einer tausendjährigen christlichen Tradition. Auch wenn die alte vorchristliche Überlieferung separat von den biblischen Geschichten tradiert worden ist, kann es gar nicht anders sein, als daß von der christlichen Prägung etwas in die alten Stoffe eingeflossen ist – selbst wenn die Erzähler weit davon entfernt waren, etwa christliche Geschichten aus ihrer ureigenen Erzählüberlieferung zu machen.

Im Gegenüber zu den sibirischen Märchen fällt am stärksten das andersartige *Erzählgewand* auf, in dem diese Märchen erscheinen. Es belegt das weiterentwickelte Bewußtsein der Europäer auf dem Weg von einer archaischen zu einer bewußteren Stufe. Das macht uns Heutigen sowohl die Erzählstoffe, als auch die Erzählart vertrauter. Andererseits fasziniert uns einseitig *aufgeklärte* Europäer heute die elementare Erzählweise der Märchen in archaischem Gewand, wo z. B. essen, trinken, ein Lager bereiten immer miterzählt werden, gerade deshalb, weil uns diese Vorgänge so selbstverständlich und nicht mehr erwähnenswert vorkommen, so daß wir gerade deshalb stutzig werden und einen Anreiz empfangen, sie zu durchschauen auf das, was essen, trinken, sich niederlegen *geistig* bedeuten.

Wollen wir wieder bei unserer Methode der Einfühlung in den Symbolcharakter der wichtigsten Bilder bleiben und sie zunächst auf uns wirken lassen. Es ist wichtig, daß wir uns auch in der Begegnung mit europäischen Märchen nicht wie die kleinen Schlaumeier verhalten, die nicht auf sich zukommen lassen können, was sie erreichen möchte, sondern vorschnell sondieren: das bedeutet das und das und das symbolisiert dies. Mit dieser Gepflogenheit bleiben wir in einem engen Bewußtseinshorizont befangen, der die unbewußten Kräfte ausblendet. Das Ergebnis ist beschränkt. Aber nicht alle Menschen sind soweit, daß sie das merken können.

Dieses schottische Märchen führt uns mit den ersten paar Sätzen mitten ins Leben hinein: Es geht um Wasser und um Brot. Wasser muß beschafft werden, damit Brot gebacken werden kann, denn ein junger Mensch will seine Lebensreise antreten, ein potentieller Held will sich ins Abenteuer begeben.

Das Wasser

Wir wissen es nicht mehr zu schätzen, weil uns selbstverständlich vorkommt, daß es aus unseren Wasserhähnen läuft, die wir in genügender Anzahl in unseren Häusern angebracht haben. Aber meine Großmutter mußte es noch vor dem Haus aus einem Brunnen schöpfen, und in Nordwest-Griechenland hat eine Frau mir gezeigt, aus welcher Quelle in ihrer Kindheit das Wasser herbeigetragen worden war: Der Fußweg war eine Viertelstunde lang den Berg hinauf, und dieser Weg hatte das Gute, daß die Menschen das Wasser als große Kostbarkeit auffaßten.

▷ *Und was zeigt sich unserm inneren Auge, wenn wir Wasser hören und abwarten, was unsere schöpferische Seelenkraft Gestalt werden läßt?*

Wasser ist der Lebensstoff schlechthin. »Alles Leben kommt aus dem Wasser«, wissen wir von *Thales von Milet,* sprechen es nach und machen uns aus der Distanz der Wasser-Satten ein paar Gedanken dazu. Aber *Antoine de Saint-Exupéry,* der in der libyschen Wüste am Verdursten war, ist von Erfahrungen geschüttelt worden, die ihn dazu gebracht haben, Wasser hymnisch zu preisen. Da war zuerst der Durst: »... die harte Kehle, die Zunge aus Gips, das Rasseln im Schlund und ein ekliger Geschmack im Munde. Das sind mir neue Empfindungen, und zunächst bringe ich sie in keine Verbindung mit dem Wasser, das sie heilen könnte. Der Durst wird immer mehr zu einer Krankheit...« Aber dann kommt ein Beduine mit Wasser: »Und nun trinken wir, auf dem Bauche liegend, den Kopf im Becken wie die Kälber. Der Beduine erschrickt und zwingt uns alle Augenblicke einzuhalten. Aber kaum läßt er uns frei, so tauchen wir schon das ganze Gesicht ins Wasser. Wasser! Wasser, du hast weder Geschmack noch Farbe, noch Aroma. Man kann dich nicht beschreiben. Man schmeckt dich, ohne dich zu kennen. Es ist nicht so, daß man dich zum Leben braucht: du selber bist das Leben! Du durchdringst uns als Labsal, dessen Köstlichkeit keiner unserer Sinne auszudrükken fähig ist. Durch dich kehren uns alle Kräfte zurück, die wir schon verloren gaben. Dank deiner Segnung fließen in uns wieder alle bereits versiegten Quellen der Seele. Du bist der köstlichste Besitz dieser Erde... Du schenkst uns ein unbeschreiblich einfaches und großes Glück.«

Mircea Eliade hat einige altindische Texte der Wassererfahrung zusammengestellt:

○ *Wasser, du bist die Quelle jeden Dinges und jeder Existenz.*
○ *Die Wasser sind der Urgrund der ganzen Welt, sie sind die Substanz der Vegetation, das Elixier der Unsterblichkeit. Sie sichern langes Leben, Zeugungskraft und sind das Prinzip jeder Heilung.*
○ *Daß uns die Wasser Wohlbefinden bringen!* (Gebet)
○ *Die Wasser sind die wahren Heiler; sie verjagen und heilen alle Krankheiten.*

Frisches Quellwasser ist nicht steril, sondern lebendiges Wasser, weil es viele Keime enthält, die sich zu Lebewesen entwikkeln können. So sahen die Menschen im Wasser die Ursubstanz, aus der alle Gestalt hervorgegangen ist.

»Wasser ist eines der größten Dinge... Als der Große Geist uns aus dieser Erde machte, tauchte er seinen Finger in Wasser und steckte ihn in unseren Mund. Wasser ist Leben. Es bewegt sich immer. Es ist dasselbe wie das Blut in unseren Leibern. Es ist Leben. Unsere Herzen sind nur Wind und strömendes Wasser. Wir sind aus Wasser, Erde und Wind gemacht. Der Ozean ist das schlagende Herz der Erde...«, so heißt es in den Hüttenlehren der Prärie-Potawatomi-Indianer *(P. Rech)*.

Dieses unseren Sinnen erfahrbare Wasser haben die Menschen aber nicht nur als Lebensspender für das mit den gleichen Sinnen erfahrbare Leben aufgefaßt, sie haben es gleichzeitig als übersinnenhafte sprudelnde Kraft erlebt, die den Menschengeist belebt, ihm in einer Wiedergeburt neu Gestalt verleiht und ihn so vergöttlicht. In diesem Zusammenhang sind die vielen Wasserrituale zu verstehen, die in den Weltreligionen ausgebildet worden sind. Im Christentum ist es das Taufbad, von dem in der römischen Kirche nur mehr ein Übergießen des Kopfes übriggeblieben ist.

Wasser kann also durchsichtig werden:
auf das Lebenselement schlechthin
auf den lebensnotwendigen Urstoff
auf Geburt und Wandlung
auf den die Lebensgestaltungen bergenden Stoff
auf das sich bewegend-fließende Prinzip
auf Zeugungskraft
auf Heilkraft
auf göttliche Lebensgewalt

Wenn der älteste Sohn in unserem Märchen, der als ein möglicher Weltheiland ausgeschickt werden soll, zunächst an den Brunnen um Wasser geschickt wird, so wird allein über das Bild *Wasser* ein großer geistiger Rahmen hergestellt, in dem das zu Erzählende Bedeutung gewinnt.
Die Mutter, die ihren Sohn ins Lebensabenteuer entlassen will, hat mit diesem Wasser etwas vor: Sie will es mit der Erdfrucht, nämlich mit Mehl, vermischen, damit Brot gebacken werden kann. Allein das hier auftauchende Bild *Brot* zeigt eine ganz andere Kulturstufe an, als wir ihr in den noch deutlich von der Jagdkultur bestimmten sibirischen Märchen begegnet waren.[22]

[22] Das Wort *Kuchen* in unserem Text ist natürlich nicht als das zu verstehen, was wir heute als Kuchen backen oder in der Konditorei kaufen, sondern als ein Brotfladen, vielleicht ein besonders guter Brotfladen in der Vorstellung des letzten Erzählers, von dem dieses Wort ins Buch gekommen ist.

Die Verbindung von Wasser und Mehl, die im Backvorgang etwas völlig Neues und Andersartiges ergibt, als die beiden Stoffe Wasser und Getreide zuvor waren, spricht natürlich auch eine bedeutungsvolle Sprache. Unserer Phantasie sind da keine Grenzen gesetzt. Auf jeden Fall wird erzählt, daß die Mutter das Mehl hat und daß der Sohn das Wasser beschaffen soll. Damit er diesen Auftrag ausführen kann, gibt seine Mutter ihm einen Krug mit.

Der Krug

Welche Gestalt nimmt er vor unserem inneren Auge an? Was ◁
sehen wir, wenn wir Krug hören und uns innerlich darauf einstellen?

Im Unterschied zum Wasser, das kein Mensch machen kann, ist der Krug ein der menschlichen Erfindungskraft zu verdankendes Gerät. Der Krug ist ein Gefäß, mit dem der Mensch das sich bewegende Prinzip, dem das Wasser untersteht, besiegt. Wasser im Krug kann nicht mehr fortfließen, es ist darin gefangen. So ist Wasser transportabel geworden, man kann es forttragen. Auch der Krug zeigt eine Entwicklungsstufe menschlicher Kultur an. Denn die Menschheit hat lange gebraucht, bis sie gelernt hat, Gefäße herzustellen, sie mußte sich lange mit dem behelfen, was sie in der Natur vorfand: Kürbiskalebassen, Nußschalen, Stein-Schälchen.
Das Wesen des Kruges ist also seine Haltefähigkeit, die es möglich macht, Flüssiges zu fassen. Deshalb kann *Laotse* sagen: Die Leere des Kruges ist sein Wesen. Erste Gefäßgestaltungen des Menschen waren wahrscheinlich die sogenannten *Schälchen,* die im jüngsten Abschnitt der Altsteinzeit, vor etwa 30 000 Jahren, in Felsgestein oder steinige Böden hineingeschlagen und ausgehöhlt worden sind. Sie dienten kultischen Zwecken: Opferschalen waren es, in denen der Mensch vielleicht Wasser – oder auch Blut? – in der Anwesenheit des Gottes als das Kostbarste betrachtete und *darbrachte.*
Natürliche Entsprechungen waren z. B. Seen und Teiche,

Kokosnüsse, Kürbisfrüchte; Körperentsprechungen sind z. B. der Magen, die Blase, Blutgefäße etc. Ja, der Mensch selbst konnte als solches Gefäß erfahren werden, und vor allem der weibliche Körper, der wie ein Gefäß neues Leben enthalten und hergeben kann. Das bauchige Gefäß ist in fast allen Religionen auf der ganzen Welt mit der Muttergöttin, der sich alles Lebendige verdankt, in eins gesehen worden. So ist es noch in der griechischen Spätzeit »als höchster Kultgegenstand Mittelpunkt der Isismysterien. Der Bezug zur Fruchtbarkeitssymbolik des gefäßtragenden Weiblichen ist uralt. Schon die babylonische Ischtar wird Töpferin genannt. Sie formt aus Erde den Krug, wie den Körper des Kindes... Bei der Kultfeier der hellenistisch-römischen Isis wird das ›Goldene Gefäß‹ zum Mutterschoß für die zweite, die Wieder-Geburt, aus dem der Einzuweihende zum Neuen Leben wiederersteht« *(A. Weis).*

Der *Krug* als Ding ist praktisch zum Wasserholen, Tee einschenken, Milch aufbewahren etc., er ist ein Haushaltsgerät. Der *Krug* in Bildrang erhoben ist verwandt mit allem, was Gefäßcharakter hat, (also Topf, Kessel, Schale, Schüssel, Becher, Becken, Retorte).

Als Gefäß wird er durchsichtig:
auf die Haltefähigkeit für Flüssiges
auf alles, was aufnahmebereit ist
auf alles, was empfangen und gefüllt werden kann – vom Mutterschoß, der empfangen und hergeben kann, bis zum Herzen oder der Seele, die er-füllt werden kann
auf das große *Weibliche (E. Neumann)*

Nun berichtet unser Märchen aber etwas Merkwürdiges: Die Mutter gibt ihrem Sohn einen Krug, der einen Sprung hat. Der Krug ist nicht in Ordnung, das Wasser rinnt heraus, es reicht schließlich nur für einen kleinen Brotfladen.

Das Brot

In der Rückschau auf die Menschheitsgeschichte ist das Brot ein verhältnismäßig junges Nahrungsmittel. Es setzt nicht nur Seßhaftigkeit, Ackerbau und erste Mühlen voraus, sondern auch gekonnten Umgang mit Feuer, ja Backöfen. – Waren am Anfang unseres Jahrhunderts Autos und erste Flugzeuge ein bestimmendes Signum und am Ende vielleicht der Mikro-Chip, so war einstmals das Brot eine Kulturleistung, die für Jahrtausende prägend wurde.

Brot entsteht aus gemahlenen Körnern – der Erdenfrucht –, wenn sie mit Wasser vermengt werden und in der Hitze des Backens eine Wandlung erfahren. Der Backvorgang läßt etwas völlig Neues entstehen – eben Brot. Die Vorform war der Brei. Und wie unser Märchen »Der süße Brei« immer noch festhält, daß eine Göttin – in christlicher Zeit haben die Erzähler diese als *eine alte Frau* im Wald bezeichnet – der Menschheit diese neue Nahrungsform geschenkt hat, so ist auch das Brot für das Erleben der Menschen eine göttliche Gabe. Unzählige Saat- und Ernterituale und bildhafte Darstellungen der Göttin mit den Ähren und mit dem Krug bezeugen dieses religiöse Erleben. In der christlichen Abendmahlsfeier wird dieses alte Erleben aufgegriffen und in einen neuen Zusammenhang gebracht.

Was stellt sich bildhaft ein, wenn ich Brot höre und meinen seelischen ◁ *Gestaltungskräften Raum gebe?*

Erich Neumann ist der Überzeugung, daß die alten Mysterien noch heute als solche erfahren werden können und zitiert folgende herrliche Stelle aus einer Erzählung des tschechischen Dichters *K. Capek,* Die Nadel: »Sie können sich gar nicht vorstellen, was für eine hübsche Arbeit das Semmelbacken und besonders das Brotbacken ist. Ich kenne das, weil mein seliger Großvater eine Bäckerei hatte. Beim Brotbacken gibt es zwei, drei große, beinahe göttliche Geheimnisse. Das erste Mysterium tritt ein, wenn der Sauerteig angemacht wird. Man läßt ihn im Backtrog stehen, und nun vollzieht sich unter dem

Deckel eine zauberhafte Verwandlung: Man muß sie nur abwarten – aus dem Mehl und dem Wasser ist ein lebendiger Gärteig geworden. Dann wird dieser Teig mit dem anderen vermengt und mit dem Knetscheit umgerührt. Auch das mutet wie etwas Religiöses an, wie ein kultischer Tanz oder dergleichen. Nun kommt eine Plache über das Ganze, und der Teig gärt. Das ist dann die zweite geheimnisvolle Verwandlung, wie der Teig majestätisch aufgeht, und dabei darf man das Tuch nicht aufheben und neugierig zugucken – ich sage Ihnen, das ist nicht weniger schön und nicht weniger sonderbar als eine Schwangerschaft. Ich habe mir oft gedacht, daß ›der Backtrog‹ eigentlich weiblichen Geschlechtes sein sollte. Das dritte Geheimnis ist das Backen selbst. Was wird da nur im Backofen aus dem weichen, blassen Teig! Du lieber Gott, ist es denn nicht wie bei einem Wunder, wenn die Leute so einen goldbräunlichen Laib herausziehen, der duftet, wie selbst ein kleines Kind nicht köstlicher duften kann? Ich glaube, man sollte bei den drei Verwandlungen in den Backstuben läuten, wie man bei der Wandlung in den Kirchen läutet.«

Brot ist jahrtausendelang das Hauptnahrungsmittel gewesen; deshalb läßt sich alles Eßbare in diesem Bild zusammenfassen: Nahrung – das ist Brot. Noch aus Kindertagen ist mir eine Bemerkung meines Vaters haften geblieben, als er mir erklärte, daß die Gefangenen in unserem Stadtgefängnis nur Wasser und Brot zu essen bekämen: das unbedingt Erforderliche, um nicht zu sterben. Das hat mich damals stark beeindruckt. Brot also faßt als Bild alles Gewachsene, das eßbar ist, zusammen. Die Erde wird wie ein gedeckter Tisch für alle Hungrigen. Es ist das notwendende, notwendige Nahrungsmittel, und als solches eine Antwort auf den Hunger aller Lebewesen. Weil wir ohne Nahrung nicht leben können, wird Brot zum Lebenszeichen.

Jeder natürlich empfindende Mensch wird angerührt, wenn er warme, frische Brot-Laibe sieht und riecht und anfaßt – und schließlich schmeckt. Und die Bezeichnung *Laib* hat tatsächlich etwas mit unserem Leib zu tun und Leib wiederum mit Leben. Der schöne runde Laib Brot gleicht dem lebengebenden Leib, aus dem wir alle Leben empfangen haben. Und in unserem Leib wird das Brot wie einst im Backofen wieder in etwas Neues verwandelt: in Lebensenergie.

Nicht zufällig also, sondern im Strom einer langen Erfahrungstradition identifiziert Jesus beim Letzten Abendmahl das Brot, das er den Seinen reicht, mit seinem Leib. »Ich bin das Brot für das Leben der Welt«: Brot – Leib – Leben.

In unserem Märchen sind Brot und Weg in eine Beziehung gesetzt. Das geschieht auch im Alten Testament, wenn da erzählt wird, daß das Volk Israel auf dem jahrelangen Weg durch wüstes Land *Brot vom Himmel* bekommen hat. So bekommt der Christ für seine Lebenswanderung *Himmelsbrot*, so spricht Jesus bildhaft »Ich bin das wahre Brot, das vom Himmel herabgekommen ist.«

In unserem Märchen ist die Mutter die Brot-Geberin. Sie ist hier noch – uralte Überlieferung – mit der Nahrung und dem Brotlaib identifiziert. Das Nährende ist eben zunächst das Mütterliche, und wir können sagen, daß der Brot gebende, seinen Leib als Nahrung gebende Jesus mütterliche Züge annimmt, wenn er so für die Seinen sorgt. Es ist zwar nicht gerade üblich, das so zu sehen, aber es ist ganz der Wirklichkeit entsprechend. Und Jesus hatte gewiß nicht nötig, sich einseitig *männlich* zu zeigen. Er konnte auch das Weiblich-Mütterliche integrieren, ohne dadurch weniger *Mann* zu sein.

Jahrtausendelang bestand die Hauptaufgabe der Menschheit darin, die tägliche Ernährung sicherzustellen. Denn Hunger bringt ums Leben. Und das Immer-wieder-hungrig-Werden ist Kennzeichen des Lebendigen, dem wir alle unterliegen. Der tägliche Hunger markiert unsere Angewiesenheit und Bedürftigkeit. Er ist Zeichen unseres Geschöpfseins und zeigt, auf wen wir hingeordnet sind. Essen ist immer ein Gefüttertwerden mit göttlicher Gabe – auch wenn wir sie uns selbst erarbeiten müssen. Die Menschen haben jede Nahrung – und schließlich das Brot – als eine Gabe Gottes angesehen. In dieser Schau bekommt auch die *Mutter* in unserem Märchen göttliche Züge: sie will geben und nähren auf dem Weg ins Lebensabenteuer.

Brot – als Bild – also kann durch-schaut werden:
auf Nahrung schlechthin und damit auf Leben
auf den Leben gebenden Mutterleib
auf die Nahrung gebende Erde
auf etwas, das durch mehrfache Wandlung entsteht, also auf ein
gewandeltes Neues
auf Wegzehrung

Der Hirt

Endlich auf den Weg gelangt, begegnet unser Wanderer einem Hirten – die Hirtenbegegnung wiederholt sich dreimal.

▷ *Was kommt vor meinem inneren Auge ins Bild, wenn ich mit geschlossenen Augen erwarte, was sich mir als Hirt zeigen will?*

Auf der Stufe der Hirtenvölker war Hirtsein ein Spitzenberuf. Heute ist er zu einem bedeutungslosen Beruf herabgesunken. Er hat in den letzten Jahrhunderten seine urbildliche Kraft eingebüßt. Das wird auch auf neueren christlichen Darstellungen erkennbar. Die Vorstellung der Städter von harmlosen Schäfchenliebhabern hat dazu geführt, daß uns ganz aus dem Sinn gefallen ist, was ein Hirte einstmals war.
Das wird anders, wenn wir uns in Menschendasein während der Jägerkulturen einspüren, als das Land weithin mit Wäldern bedeckt war. Dort hausten Tiere, die dem Menschen an Kraft und Größe weit überlegen waren, aber auch solche, die den Menschen flohen, andere, die ihn bei Hunger und während der Brutpflege angriffen. Es muß ein geistbestimmtes Unterfangen gewesen sein, daß der Mensch es fertigbrachte, Tiere um sich zu sammeln, sie an sich zu binden, sie zur Nachfolge zu veranlassen. Was müssen das für Menschen gewesen sein, die Tiere anlocken, ihr Vertrauen gewinnen, sie fest an sich bannen und damit zähmen konnten? Es müssen furchtlose, kraftvolle Gestalten gewesen sein, mit einer inneren Beziehungsfähigkeit zum Tierleben ausgestattet. Klug

müssen sie gewesen sein und voller Liebe zur Kreatur. Findig im Finden von Futterplätzen und Tränken.

Bei den Hirtenvölkern war es kein Problem, den König herauszufinden. Wer die größte Herde hatte, war als ein Mensch mit Vollmacht ausgewiesen, sonst wäre ihm nicht möglich gewesen, so viele Tiere in seinen Kraftbereich zu bringen. Sie hätten sich ihm nicht angeschlossen, würden nicht bei ihm bleiben, nicht auf seine Stimme horchen. Von diesem Blickpunkt aus erhellen sich die Hirtengottheiten in vielen Religionen:

Ägyptisch: Der Sonnengott *Re* ist der Hirte aller Menschen

Tibetisch: Chenrezig, der *allbarmherzige Gute Hirte* hat seine Inkarnation im Dalai Lama

Indisch-hinduistisch: Shiva wird als Hirte geschaut, Krishna ist ein Hirt

Iranisch: Yima, der Gute Hirte, hat das Sonnenauge und hütet das Geheimnis der Unsterblichkeit

Sumero-semitisch: Tammuz, der Mondgott ist Hirte und Schützer der Herden

Griechisch: Hermes, Pan, Merkur sind Hirten (C. F. Cooper)

Biblisch: Der Gott Israels weidet sein Volk wie ein Hirte; Jesus nennt sich der *Gute Hirt,* der sein Leben für seine Schafe einsetzt.

Auch die Könige und Führer der Völker wurden als Hirten angesehen und geehrt – waren sie doch Repräsentanten des Gottes. Das Zepter leitet sich vom Hirtenstab her, wie auch der Krummstab, den Bischöfe und Äbte als Signum tragen.

Der Hirt – in Bildrang versetzt – könnte also durchsichtig werden:
auf den mit Geistkraft begabten Mann, der widerstrebende Tierwesen zähmen kann
auf den für die Tiere sorgenden und sie lenkenden Herrn der Tiere
auf den Gott, der mit Geist-Energien erfüllt ist und alles lenkt und gibt
auf den König, der den Gott repräsentiert

In unserem Märchen markieren die Hirten – als wären sie Hüter des Weges – drei Stationen: Einer ist immer älter als der andere, so daß es fast den Anschein hat, als führe der Weg in die Vergangenheit oder in die Geschichte zurück. Wie lebendiggewordene Statuen von Vorzeit-Repräsentanten muten sie an. Unterschiedliche Tiere sind ihnen zugeordnet.[23]

Jeder dieser Weltzeit-Götter hat eine Botschaft über die Welt-Wahrheit und eine Verheißung auszurichten. Die Botschaft lautet: Das ganze Land und alles, was darauf lebt, gehört einem Räuber – dem roten Riesen –, der aus der Fremde bzw. aus Feindesland hergekommen ist. Er hat sich hier eingenistet und die Königstochter gestohlen, die er gefangenhält und quält. Die Verheißung lautet: So wird es nicht bleiben. Es wird ein Stärkerer kommen, der dieses Ungeheuer überwinden kann. Der Mann auf dem Lebensweg hört dreimal dasselbe; was dreimal gesagt ist, ist bezeugt. Sein Weg führt weiter, direkt in die Räuberhöhle hinein: Auf einem Hügel – weithin sichtbar – erblickt er ein Haus mit weitgeöffnetem Tor und darin eine alte Frau am Feuer.

Die Alte am Herdfeuer

▷ *Wie zeigt die Alte sich imaginativ vor unserem inneren Auge?*

Im Märchen ist sie mit folgenden Bildern assoziiert: mit Berg, mit Haus, mit Tor und mit dem Herdfeuer. Es sind dies alles Bilder, die *das Große Weibliche* (E. Neumann) in die Empfindung bringen: der Hügel oder Berg mit dem Haus darauf deutet sowohl das Bergende, Umfangende an, wie auch das Festgesetztsein in einer Umschlingung, aus der es kein Entrinnen gibt. – Das Tor offenbart die Doppelseitigkeit von Öffnen und Schließen, wie sie im Liebesspiel, in Geburt und Tod ins Erleben kommt. – Das Herdfeuer zeigt sich als verwandelnde Hitze, wenn es die Nahrung gar werden läßt, aber auch als wohlige Wärme.

Die ganze Ambivalenz dieser Bilder strahlt auch die dazuge-

---

[23] Vielleicht sind diese Tiere astrologischen Weltzeitaltern zugeordnet: die Schafe dem Widderzeitalter, die Schweine als Venus-Tiere dem Stierzeitalter, und die Ziegen dem Zwillingszeitalter?

hörige Alte aus. Irgendwie ist sie mit dem roten Riesen liiert –
andererseits zeigt sie sich nicht so offenkundig zerstörerisch
wie er. Es scheint, als wäre sie wohlgesonnen, aber Vorsicht
empfiehlt sich bei ihr. Die Mutter hatte die Arme geöffnet und
den Sohn ausgesandt. Die Alte öffnet ihre Arme und *locht ein,*
indem sie den Burschen versteckt. Im *Loch* ist er erst recht
gefangen.

Das Haus, in dem *die beiden Alten* wohnen, begegnet in vielen
Märchen. Wir haben es schon in den sibirischen Märchen
kennengelernt. Im deutschen Märchen ist es manchmal nur
von einer Frau bewohnt – z. B. bei *Frau Holle* oder in *Hänsel
und Gretel,* wo die Hexe dort haust –, manchmal auch von
einem merkwürdigen männlichen Wesen – im *Waldhaus*
(Grimm) z. B., wo der alte Mann mit dem langen Bart am
Tische sitzt oder in der *Bienenkönigin* (Grimm), wo das alte
eisgraue Männchen hinter der Türe sitzt, die mit drei Schlös-
sern verhängt ist. Dieses Haus mutet immer wie ein Entschei-
dungsort, wie eine Prüfungsstation an – so auch hier: Für die
drei Burschen ist es der Prüfungsort, an dem sie sowohl mit
dem Urweiblichen wie dem Urmännlichen zusammentreffen.
Das sind die gegensätzlichen Lebensprinzipien schlechthin.
Wer die Welt bestehen will, muß sich ihnen aussetzen, und in
diesem Unterfangen geht es immer auf Leben und Tod.
Hübschen jungen Mädchen begegnen, das erhöht das Lebens-
gefühl der jungen Burschen. Aber dem dahinterstehenden
Urweiblichen konfrontiert werden, das ist nicht nur Lust und
Wonne, das ist gefährlich. Nicht nur, daß es sich als *das ganz
Andere* präsentiert, was ausgehalten und erkannt werden will,
es hat so viele Unerbittlichkeiten in sich: das Lebensgesetz
z. B., das aus ungebundenen Burschen Väter macht. Und
dann: wie das Bild vom Herdfeuer deutlich macht, das nicht
nur anlockt und wärmt, sondern läutern, ja umwandeln will
mit seiner Glut. Man kommt nicht so *ungeschoren* heraus, wie
man hineingelaufen war. Der Schmelzprozeß muß durchge-
standen, ja bestanden werden. – Und das Alter, das dieser
Alten anhaftet, hat einen Geschmack von Unausweichlichkeit.
Seit urvordenklichen Zeiten hockt sie schon da auf ihrem

Hügel, in dem Haus mit dem weit geöffneten Tor und dem Herdfeuer, an dem sie sitzt. Und es scheint, daß sie jeden, der eintritt, auf eigene Weise erwischt. – Andererseits hütet sie auch Haus und Feuer. In unserem Märchen verhält sie sich scheinbar neutral. Sie greift nicht an, wie ihr Mitgenosse in diesem Haus. Sie hilft dem Fremdling in ein Versteck, aber sie weiß ganz genau, daß das Ende davon das große Fressen sein wird, von dem der rote Riese sein Lied grölt.

So wird die Alte am Feuer durchsichtig auf die Ambivalenz des Weiblichen:
auf das unweigerliche Ablaufen von Lebensprozessen
auf die Lebensforderung von Wandlung und Veränderung
auf das Tödliche, das mit dem Leben verflochten ist
auf das Unentrinnbare im gesetzten Lebensvollzug
auf die Liaison des Schützend-Bergenden mit dem Aggressiv-Zerstörerischen
auf eine Urgewalt, unter weiblichem Vorzeichen

Der rote Riese

▷ *Nimmt er Gestalt an, wenn ich – mich in mich selbst zentrierend – erwarte, wie er für mich aussieht, heute, in diesem Augenblick?*

Dem Urprinzip des *Großen Weiblichen* mit seinen Schrecken steht das des Männlichen in Riesengestalt nicht weniger schrecklich gegenüber. Furchterregend wird der Riese schon angekündigt: als der Räuber und Gefangenhalter der Königstochter, als der Beherrscher von allem Land, als der, der niemand verschont. Und sein derbes Gegröle macht seine Gier deutlich: auf das Herz ist er aus. Das heißt: auf die lebendige Mitte des Seins, auf das pulsierende Zentrum des *sterblichen Mannes*, den er von weitem erschnüffelt.
Als seine Merkmale lassen sich erkennen: die riesige Gestalt, die vitale rote Farbe, die Besitzgier, die Geilheit auf die Königstochter und sonstige *schöne Damen*, die Gewalttätigkeit, mit der er die Königstochter schlägt, bindet und drischt, seine

ungehobelte Grobheit, der brutale Freßimpuls. Ferner hat er Macht, zu verwandeln – aber nicht zu neuer Lebensgestalt, sondern in die Versteinerung, in ein totes Dasein. Und noch etwas zeichnet ihn aus: Er hat eine bestimmte Bewußtheit, in der er souverän ist – keiner weiß, was er allein in einen Wissenszusammenhang bringen kann.

Bei *Jakob Grimm* (Deutsche Mythologie) ist über die Riesen folgendes zu lesen: »In den Riesen waltet volle, ungebändigte Naturkraft. Sie wird ausgedrückt durch die Überschreitung des menschlichen Maßes und durch trotzigen Übermut, also durch Mißbrauch der sinnlichen und geistigen Kraft. Die Naturkraft erliegt zuletzt ihrer eigenen Last. Die rohe derbe Riesennatur trotzt auf das Gefühl ihrer sinnlichen Gewalt und Kraft: so wird ihnen Dummheit beigemessen... Man dachte sich die Riesen auf Felsen und Bergen hausend. Ihre ganze Natur hängt mit dem Steinreich zusammen. Steine und Felsen sind ihre Waffen.«

In der *Edda* werden die Riesen als mächtige Wesen aufgefaßt, die vor den Göttern ihre Macht in der Welt ausübten. So gelten sie als Feinde der Götter, »da sie den Himmel und damit die Weltherrschaft zurückerobern wollen. Der streitbarste Kämpfer gegen die Riesen ist Thor, der deshalb auch Riesentöter heißt. Sein Hammer Mjölnir ist die Waffe, mit der er die Riesen bekämpft... Sie vertreten die älteste Götterdynastie und leben in fortwährender Feindschaft mit den Asen, an die sie einst die Weltherrschaft abtreten mußten. Doch sind sie auch miteinander verwandt, da Odin ein Sohn der Riesentochter Belsta ist. An Kraft sind die Riesen den stärksten Göttern gewachsen, an Klugheit ebenbürtig, an Zauberkünsten sind sie den Göttern aber weit überlegen... Die Riesen sind Feinde der Kultur und also auch der menschlichen Ansiedlungen« (E. Kroker).

Wir spüren, daß wir es bei den Riesen mit gewaltigen Mächten und Kräften zu tun bekommen, die vom Menschen offenbar als göttliche Wesen in ihrer ganzen Ambivalenz erlebt worden sind. Bei ihrer Menschenfeindlichkeit scheint es ursprünglich darum zu gehen, daß diese Wesen den geistigen Fortschritt,

d. h. eine Differenzierung des menschlichen Geistes behindern wollten. Dieser geistige Kampf wird durch die drei Fragen, die der rote Riese stellt, auch in unserem Märchen angedeutet. Der Riese wird nicht durch physische, sondern durch Geisteskraft besiegt, die durch Elfinnen vermittelt worden ist.

Auffällig in diesem Märchen ist die Gewaltanwendung der männlich-riesischen Macht gegen ein Weibliches, das in unserem Märchen *Königstochter* heißt, mit der *schöne Damen* identifiziert sind. Wehrlos sind sie der brutalen Gewalt ausgeliefert, ein Zustand, der zum Himmel schreit und nach Erlösung verlangt.

Der rote Riese wird also transparent:
auf das Urphänomen einer Schöpfungskraft, die als männlich erfahren wird
auf vitale, grobe Sinnlichkeit
auf eine Macht, die Leben bedroht, wenn dieses sich differenziert
auf eine Macht, die gegenüber einer edlen *Weiblichkeit Gewalt anwendet*
auf eine Macht, die versteinert
auf das lebensverneinende Prinzip schlechthin

Die Königstochter

▷ *Die meisten Gegenwartsmenschen blockieren sich bei diesem »Bild«. Königstochter sein, gilt heute als anstößig. Aber vielleicht können wir diese vordergründige Barrikade beiseite räumen und tiefer hinspüren. Wollen wir versuchen, unbefangen zu erwarten, was vor unserem inneren Auge sichtbar wird.*

Um der Königstochter in den Märchen nahezukommen, muß man zunächst eine positive Beziehung zum König finden. Dazu ist zuerst notwendig, sich von den Kümmerfiguren in der Phantasie zu verabschieden, die im Gefolge der Revolution (die französische ist das Stichdatum) unsere Phantasie bevölkern. Der König war von der Idee her immer der ganz Besondere, der es verstand, das Leben und den Lebenssinn durch Hinhorchen so zu erfassen, daß er wußte, was das Rechte und Notwendige war, das im jeweiligen geschichtlichen Augenblick getan werden mußte. Er war derjenige, der ohne Rücksicht auf sich selbst der Aufgabe diente, das Menschliche mit den kosmischen, den göttlichen Kräften, zu verbinden, damit die Welt im Gleichgewicht bleibt.

Der Javaner *Franz Magnis-Suseno* zeigt uns das Verständnis der Javaner von Macht und Königtum und leistet uns damit Hilfestellung, damit wir diese Wirklichkeit, die immer noch ihre Wirkung in uns ausübt, begreifen. Denn wahre Macht ist nicht etwas, das sich irgend jemand aus eigenem Wollen herausnimmt und für sich beansprucht, um sie gegen andere durchzusetzen. »Macht ist wie alle Kräfte, die sich in der Natur kundtun, Ausfluß der den ganzen Kosmos durchdringenden, formlosen, ständig schöpferischen göttlichen Energie ... Alle Äußerungen von Macht beruhen auf Partizipation an der den Kosmos durchdringenden einen Kraft. Individuen oder Gruppen, die Macht gewonnen haben, können wir uns als Gefäße vorstellen, die einen Teil des kosmischen Kraftfluidums in sich fassen ... Der König ist als Person zu verstehen, die kosmische Kraft in hohem Maße in sich konzentriert ... Wir können ihn uns als eine Schleuse vorstellen, die alle ausströmenden Wasser in sich konzentriert und für das tieferliegende Land die einzige Quelle von Wasser und somit Fruchtbarkeit darstellt ... Von einem mächtigen König strahlt Ruhe und Wohlstand ins Land hinaus. Kein Feind von außen und keine Unruhen im Innern stören den Bauern bei der Feldarbeit, denn die Macht, die der Herrscher in sich konzentriert, ist so groß, daß alle Unruhe stiftenden Faktoren machtlos geworden sind, gleichsam trockengelegt; ihre Störungskraft ist in den König abgesaugt. Im Lande herrschen daher Friede und Gerechtigkeit, und jeder kann seinem Gewerbe ohne Angst vor Überraschung nachgehen ... Die Echtheit der Macht eines Herrschers zeigt sich nicht nur in ihren Wirkungen, sondern auch in der Weise, wie sie ausgeübt wird. Kennzeichen wahrer Macht ist, daß der Herrscher alle Wirkungen seiner Kraft ... ohne jeden Anschein von Anstrengung hervorbringt. Die Macht des Herrschers zeigt sich darin, daß gewissermaßen alles ganz von selbst geschieht. Umgekehrt gelten dem Javaner intensive Aktivität, aufgeregte Geschäftigkeit und sichtbare Besorgtheit als Zeichen von Schwäche. Wahre Macht zeigt sich in ruhiger Gelassenheit.«

Wir können sicher sein, daß auch die Völker Europas einst diese Auffassung vom Königtum hatten. Daß wir seit Jahrhunderten in einer zunehmend ver-rückten Zeit leben, hängt damit zusammen, daß einerseits Mißbrauch getrieben wurde mit dieser gegnadeten Macht, andererseits die Welt weitergetrieben wird in neue Dimensionen – eben auf ihr Ziel hin, das wir noch nicht deutlich genug erkennen können.

Wenn der König also als ein Gefäß verstanden wird, in dem sich die im Weltganzen wirkenden kosmischen Energien sammeln und von dem aus sie – nicht nach seinem, sondern nach einem höheren Willen – wieder in den geschichtlichen Augenblick ausfließen, dann besteht seine Aufgabe zunächst darin, demütig dieses Gefäßsein zu realisieren, und zweitens darin, den jeweiligen Energiefluß zu repräsentieren und geschichtlich zu konkretisieren. Seine Tochter aber ist das Bild für das Ziel, auf das der ganze Weltprozeß zusteuert. Denn als Tochter ist sie das Kostbarste und Schönste, das der König zu vergeben hat: einerseits sein eigen Fleisch und Blut, andererseits von Mächten geschenkt, an die er nicht herankommt. Sie ist jung und unberührt: ein Bild für die Endgestalt des Menschen. Die Königstochter im Märchen ist immer die reine Jungfrau, das Höchste und das Wunderbare schlechthin. Die Königstochter begehren, das heißt: das Höchste, das Reinste, das Schönste begehren, das es überhaupt gibt. So wird sie Bild für die Sehnsucht des Menschen schlechthin, denn im Grunde sehnen wir uns alle über das hinaus, was wir jetzt sind. Es ist, als wäre eine Ahnung in uns oder eine sichere Gewißheit jenseits alles Wissens, daß wir vom Wesen her mehr sind, als unsere jetzige irdische Gestalt zum Ausdruck bringen kann.

So kann die Königstochter transparent werden:
auf das Ziel der Welt
auf den menschlichen Menschen, den Menschen in seiner künftigen,
endgültigen Gestalt
auf Jugend und Schönheit
auf die reine Jungfrau
auf die Sehnsucht der Menschen, dieses Ziel zu erreichen

Ein Deuterahmen

Heutige Menschen haben über Schulen und Hochschulen unterschiedliche Möglichkeiten kennengelernt, Zugang zu den Weltphänomenen zu finden, um sich ein Weltbild zu machen, mit dem sie sinnvoll leben können. Je nach Charakter und individueller Begabung findet jeder eine Spur, auf der er weitersucht. – Auch für Märchenliebhaber gibt es unterschiedliche Horizonte, in denen ihnen diese Geschichten wichtig werden. Manchen geht der Unterhaltungshorizont über alles. Sie sind auf der Fährte nach Witz, mehr oder weniger derben Späßen, ergötzen sich am Lustigen und Unterhaltsamen. Andere gehen mit literarischen Maßstäben heran und finden in der Textanalyse einen Deuterahmen.
Wieder andere sehen den tiefenpsychologischen Horizont als den ihren an. Andere gehen soziologischen oder ethnologischen Zusammenhängen nach und finden in diesem Horizont Deutemöglichkeiten. Die Volkskunde hat ihre Deutekategorien usf.
Ich möchte beim Märchen vom *Roten Riesen* wieder einer religiös-mythischen Schau nachspüren, wie sie sich mir gerade nahelegt. Ich gliedere fünf Abschnitte aus:
1. Die Darstellung des Zustands der Welt
2. Die Erzählung vom immer neuen Aufbruch der Jugend und das partielle Scheitern
3. Die Darstellung des Erlösers und seiner Qualitäten
4. Die Erzählung von der erlösenden Tat
5. Die Konsequenz der Erlösung

1. Die Darstellung des Zustands der Welt

Das Märchen vermittelt, daß an diesem Zustand irgend etwas nicht stimmt. Dazu verwendet es die Bilder: Witwe, Krug mit einem Sprung, zu wenig Wasser, halber Fladen – ganzer Fladen, zwei Söhne, die auf Habenwollen eingestellt sind und dafür den Fluch in Kauf nehmen.

Die Witwe – das ist eine Frau, die ihren Mann verloren hat. Sie muß allein leben, ohne den Partner, der ihr Frausein mit seinem Mannsein ergänzt. Auf Pachtland wohnt sie, das Land, auf dem sie lebt, gehört ihr nicht. Diese Witwe könnte auf den gegenwärtigen Weltzustand gedeutet werden, der kein Zustand in Fülle und Glück ist, sondern unabwendbare Härten mit sich bringt. Biblisch-christlich: Die Welt ist aus der Verbindung mit dem göttlichen Lebengeber herausgefallen, die *Frau Welt* ist Witwe geworden, die auf Pachtland lebt.

Zwei Söhne hat sie – gegenüber der anderen, die nur einen Sohn hat. Es versteht sich von selbst, daß die Zwei und der Eine nicht zufällig ins Spiel kommen. Die *Zwei* hat – wenn sie nicht ein Paar bezeichnet – den schmerzlichen Klang von Entzweiung, Zwist, Zweifel, Zwietracht, Zwiespalt – so belehrt uns unsere Sprache. Die *Eins* dagegen ist das Ungespaltene, das Ganze, die Einheit. In der *Drei* wiederum wird die Spaltung überwunden. Wenn z. B. das Paar ein Kind bekommt, ist es mit diesem zu einer neuen Einheit gelangt. Wenn in unserem Märchen der eine Sohn der Dritte ist, der den gefährlichen Weg macht, ist schon allein durch die Zahl Hoffnung auf eine Veränderung zum Ausdruck gebracht.

Für den ersten Sohn also ist es Zeit, aufzubrechen; seine Mutter schickt ihn um Wasser, denn sie will ihm Nahrung für seine Reise mitgeben – aber sie hat nur einen Krug mit einem Sprung. Das Gefäß des Lebens ist nicht heile, das Lebenswasser vertröpfelt in die Leere. Der Brotfladen kann nur klein ausfallen. Dennoch unternimmt die Mutter einen Rettungsversuch für ihren Sohn. Sie weiß, daß es keinen Segen bringt, alles haben zu wollen. Sie weiß, daß es nötig ist, gegen den eigenen Drang zu lernen, sich mit der zugemessenen Hälfte zu

bescheiden und zu erwarten, daß das andere Nötige dazugegeben wird, daß es dazugegeben wird aus den Bereichen des
Segens, die unserem Habenwollen entzogen sind. Wir müssen
uns die andere Hälfte schenken lassen. Aber die Kinder der
Frau Welt sind eigensinnig. »Was geht uns der Fluch an, wenn
wir schon so wenig bekommen, dann wenigstens alles.«
So erzählt dieses Märchen mit eigenen Bildern, was wir als
biblische Geschichte vom Habenwollen im Paradies kennen.
In diesem verbohrten Zustand des aufbegehrenden *aber ich*
will haben erneuert sich der Fluch gewissermaßen selbsttätig.
Ich glaube, daß sich jeder von uns in diesen Bildern von der
Ausgangssituation wiederfinden kann. Ob es um das Verlan-
gen geht, das ganze Glück zu beanspruchen – in Beruf,
Partnerschaft, Ansehen, Erfolg oder was immer es ist oder
darum, alles können, alles wissen zu wollen, oder um den
Wahn, *vollkommen* sein zu sollen. Es ist immer wieder das
gleiche Verlangen, das tief aus unseren unbewußten Getrie-
benheiten kommt. Das heutige *Anspruchsdenken* tut das Seinige
dazu. Aber ist es nicht eine schmerzhafte Wahrnehmung aller
Eltern, daß sie ihren Kindern auch nur einen Krug mit einem
Sprung geben können? Wir sind trotz allen Bemühens nicht in
der Lage, diese Ausgangssituation wirklich zu verändern.

2. Die Erzählung vom immer neuen Aufbruch der Jugend
    und das partielle Scheitern

Trotz dieser gestörten Weltlage gibt es nichts anderes, als diese
Reise ins Ungewisse mit dem unzulänglichen Brotfladen immer wieder zu wagen. Unausweichlich kommt die Zeit heran,
die Jugend *auszusenden, damit sie ihr Glück versuche.*
So begibt sich der Älteste in unserem Märchen in das Abenteuer. Und jetzt wird erst die ganze Schwere der tatsächlichen
Lage offenbar: ein Dämon in Riesengestalt ist ins Land gekommen und hat alles in seinen Besitz gebracht. Ihm gehören
die Schafe, die Schweine und die Ziegen und das Land, auf
dem sie geweidet werden. Das klingt unüberhörbar an einen
biblischen Ausdruck an: Jesus spricht gelegentlich vom *Fürst*

dieser Welt. Unser Märchen erzählt, daß er sogar die Königstochter geraubt hat und gefangen hält, ja, daß er sie quält. Das sind Schreckensnachrichten, die der Bursche zu hören bekommt. Es wird ihm eröffnet, daß auch ihm Gefahr droht: Die wilden Tiere lauern ihm schon auf. – Aber wer angefangen hat, zu gehen, muß weiterschreiten, auch wenn die Endstation das Haus des roten Riesen ist. Dort kommt die ganze Wahrheit heraus: Der Abenteurer war schlecht gerüstet, denn er kann die Fragen nicht beantworten. Er hat zwar das ganze Brot mitgenommen, aber das wichtige Wissen fehlt ihm. Er ist geistig nicht gerüstet. Er hat sich nicht darauf eingestellt, was aus anderen Bereichen *dazugegeben* wird. Weder den Raben hat er gehört, noch die Elfin gesehn. Also gewinnt der Dämon Macht über ihn. In der Versteinerung endet das Abenteuer der beiden Söhne der ersten Witwe.

Die Situation ist verfahren. Aber sie ist nicht das Ende. Die drei Alten schon haben von einer Verheißung gewußt: »Es heißt, bestimmt sei einer, im Kampf ihn zu bestehn.« Es wird Erlösung geben.

3. Die Darstellung des Erlösers und seiner Qualitäten

Der dritte also, der sich auf den Weg macht – der eine Sohn der zweiten Witwe zeichnet sich samt seiner Mutter durch Wachheit aus. Diese beiden haben einen Sensus, der über das Erdgebundene hinausreicht: Sie vernehmen, was die Elfen sagen. Sie haben also eine Wahrnehmung über das irdisch Gegebene hinaus. Von ihnen wird gesagt: »Sie hörten.« Das Bild von den Elfinnen steht hier für Wirklichkeitsbereiche, die in der hiesigen Wirklichkeit nicht unmittelbar, sondern nur mittelbar wahrnehmbar sind – man muß wach hören können. So wird dem Sohn der zweiten Witwe klar, daß es kein Ausweichen gibt. Auch er muß sich in das Abenteuer begeben, und es heißt: »Er überlegte, ob er nicht etwas tun könne, um seine Freunde und Nachbarn zu erlösen.« Diese Einstellung verrät, daß er ein Herz hat, das über den Egoismus hinaus fühlen kann. Das Geschehene hat ihn erschüttert. Er will versuchen, tätig zu werden. – Auf dem Weg vom Brunnen hört er den Raben rufen – die Zwei vor ihm waren offensichtlich taub für diesen Anruf aus dem Luftbereich. Ihre Wahrnehmung muß getrübt gewesen sein. Und das ist auch nicht verwunderlich, denn wer rücksichtslos den ganzen Fladen haben will, der ist befangen im Habenwollen – ein Stadium, das nur dem Kleinkind angemessen ist. Dieses hat Anspruch darauf, alles zu bekommen. Wer erwachsen ist, sollte über dieses Stadium hinaus sein. Der Dritte auf dem Wege hat seinen Kindheitshorizont erweitert. Er hat gelernt, daß das Halbe den unentbehrlichen Segen hat. Er kann über das momentane Bedürfnis hinausschauen und die größere Wirklichkeit in den Blick fassen.

So wird er auch begegnungsfähig für die Alte, die ihm über den Weg läuft. Sie scheint unansehnlich zu sein und bettelt. Weil dieser Bursche ein Herz hat, kann er von seiner Wegzehrung auch noch etwas abgeben. Und das zahlt sich aus. Denn die bettelnde Alte entpuppt sich als eine Wissende, die ihn auf seinen Lebensweg einweisen kann. »Sie sagt ihm eine Menge Dinge, die ihm unterwegs begegnen würden und wie er sich dann verhalten solle.« Solches Wissen ist anscheinend nur aus *Elfen*-Bereichen zu gewinnen. So wird der Held auf dem Wege eingeweiht und bekommt auch noch die Lebensrute mit der Mahnung »sie recht zu gebrauchen«. Damit ist er stark genug geworden, um die *wilden Tiere,* die die beiden ersten in die Flucht gejagt hatten, zu überwinden. Der mit der Lebensrute Ausgestattete gerät nicht in Panik, sondern besteht die Ängste.

Der Erretter wird also geschildert als einer, der hören kann:
○ *Deshalb kommt er in Verbindung mit den Elfen, deshalb vernimmt er den Raben.*

Er wird gezeigt als einer, der ein Herz hat:
○ *Deshalb kann er sich von Not ergreifen lassen.*
○ *Deshalb kann er geben, wenn er gebeten wird.*

Er wird gezeigt als einer, der lernen kann:
○ *Deshalb versteht er die Weisungen.*

○ *Deshalb kann er sie annehmen und nach ihnen handeln.*
○ *Deshalb wird er selbst zum Wissenden.*

Er wird gezeigt als ein Furchtloser, der die hemmenden Ängste überwinden kann:
○ *Deshalb muß er nicht ein Flüchtender werden.*
○ *Deshalb kann er in der Gewißheit das Rechte zu tun das Haus des roten Riesen betreten.*

Der Christ kann in allen diesen Punkten Parallelen im Jesusgeschehen entdecken: Er *hört* – denn er tut nichts, ohne im Einvernehmen mit seinem himmlischen Vater zu sein. Er hat ein Herz für alle, die es verdienen und handelt *beherzt* (am Grab des Lazarus, an der Bahre des Jünglings von Naim, bei der Brotvermehrung). Er war als Hörender dauernd ein Lernender. Auch er ist furchtlos durch seine Widersacher geschritten (als sie ihn steinigen wollten), auch er hat Hilfe erfahren, seine Ängste zu bestehen (Ölberg).

4. Die Erzählung von der erlösenden Tat

So ausgerüstet, betritt der Dritte das Haus des *roten Riesen* und erfährt dort noch eine letzte Anfechtung. Denn das Weib am Herdfeuer will »ihn unbedingt bewahren vor dem Schicksal, das seine Freunde ereilt hat«, d. h. sie will ihn in seiner Sendung unsicher machen. Er aber läßt sich nicht einschüchtern, sondern bleibt bei seinem Vorhaben und stellt sich dem Dämon. In der Entscheidungssituation, wo es um die drei Fragen – das heißt um die Wahrheit – geht, da kann er seine Sendung als ein Wissender unter Beweis stellen. Der Riese muß erkennen, daß er übermannt worden ist. Ein Stärkerer ist gekommen, der ihn entmachtet.
So wird die Königstochter befreit und alle anderen *schönen Damen* mit ihr. Die *Königstochter,* das ist in mythischer Schau die *reine Jungfrau,* die nicht in den Schwächezustand der Welt geratene Göttliche. Wir könnten sagen: das göttliche Lebensprinzip im Menschen, das *geschlagen, gebunden, gedroschen,*

gequält, aber nicht getötet werden kann. Der Mystiker *Jakob Böhme* spricht davon, daß Adam im Sündenfall seine himmlische Gespielin, *die Jungfrau,* verlor. Auch die Märchen halten noch etwas fest von der mythisch geahnten Wirklichkeit eines pradiesischen Urstands des Menschen und von der Verheißung einer Erlösung aus dem unheil gewordenen Zustand.

5. Die Konsequenz der Erlösung

Nach der Entmachtung des falschen Herrschers, der nach Bellygan eingedrungen war und die Königstochter gestohlen hatte, zieht die Schar vor den rechtmäßigen König, der Gericht hält, d. h. alles ins rechte Lot bringt: Er gibt die Königstochter dem, der sie erlöst hat, und den beiden andern die Töchter von Edelleuten zur Frau. Das Ende ist Hochzeit. Hochzeit im Märchen, das ist – wie wir wissen – ebenfalls Bild und meint die Vereinigung der Getrennten, derer, die auseinandergerissen waren. Das Heil als Folge der Erlösungstat wird als Hochzeit ausgebildet. Das ist *eine neue Welt, die Tränen sind abgewischt,* Freude und Glückseligkeit nehmen kein Ende.

AUSKLANG

1. Steckbrief vom Heilbringer

Unsere vier Märchen zeigen sowohl weibliche als männliche Figuren, die als heilbringende Gestalten erlebt worden sind und heute noch als solche gesehen werden können – vorausgesetzt, wir verstehen die Bildsprache. Wir müssen die Bildsprache heute genauso *lernen* wie eine Fremdsprache bzw. die Wissenschafts- oder Computersprache. Die Bildsprache ist eine Weisheitssprache, deshalb wird sie von Kindern unmittelbar verstanden – von heutigen *ohne Bild Gebildeten*, aber nur nach einer Einübung.

Versuchen wir, wie für einen Steckbrief die Hauptcharakteristika der Heilbringer in unseren sibirischen und dem schottischen Märchen zu sammeln, so fallen vor allem ins Auge:

Der radikale Abschied vom Vergangenen

Der Bärensohn verläßt unter Lebensgefahr die Bärenhöhle. Er gibt dem *Bären-Alten* keine Chance mehr.

Die Schwester der drei Brüder verhält sich unangepaßt und wird dafür aus dem Haus geworfen. Sie akzeptiert das und macht sich selbständig.

Die Mos-Frau läuft auf ihrer Suche nach dem Pelz in den Tod. Ihre Seele muß lernen, sich der Erde anzuvertrauen. Sie geht in ein neues Element ein.

Im schottischen Märchen ist die Schärfe dieses Kriteriums weggefallen. Jedenfalls ist sie für mich nicht ersichtlich. Wirkt da schon christlicher Einfluß? Der eine Sohn der zweiten Witwe ist schon ein *kluger Jüngling* – analog den *klugen Jungfrauen* im Evangelium.[24]

---

[24] Von Jesus wird zwar berichtet, daß er menschlich reagiert: in Zorn gerät, die Schriftgelehrten scharf angreift und ähnliches, aber nie, daß er eigen-sinnig handelt und aus dem Einvernehmen mit seinem Vater herausfällt, wie es z. B. von Pajrahta in der Hymne erzählt wird. Das mag in christlicher Zeit das Bild vom Heilbringer verändert haben.

Orientierende Folgerung für uns: Auf die achtgeben, die sich trauen, ins Unbegangene weiterzugehen. Darauf achten, wer nicht unbedingt am Bekannten, so schön Vertrauten kleben bleiben muß. Denen mißtrauen, die im voraus zu wissen glauben, daß das Morgen genauso sein wird, wie das Gestern oder Heute. Das Untergehende betrauern, aber sterben lassen, nicht festhalten.

Hinhorchen und Offenheit für höhere Mächte

Der Bärensohn erkennt seine Aufgabe, in die Finsternis hinunterzusteigen. Er begreift die Situation des Kräftemessens. Er nimmt die Gelegenheit mit dem Adler wahr. In den sibirischen Märchen wird dieses Horchen noch als selbstverständlich vorausgesetzt und nicht eigens in Sprache gebracht.
Die Schwester der drei Brüder setzt sich zwar zuerst über Pajrahtas Gebot, den jüngsten Bruder nicht hereinzulassen, hinweg, aber dann verwandelt sie ihren Eigen-Sinn in positive Energie. Sie folgt konsequent den Eingebungen.
Die Mos-Frau folgt in der ersten Phase ganz dem natürlichen Drang: »Und wenn es mich das Leben kostet.« Nach der tödlichen Verwandlung wird sie als Horchende gezeigt: Sie tut, was sie hört.
Der Sohn der zweiten Witwe ist ebenfalls auf Hören eingestellt: Er hört den Raben, die Elfen und versteht die Ankündigung der Hirten als Bestätigung seiner besonderen Sendung.
Orientierende Folgerung für uns: Auf die achten, die nicht ihre eigene Meinung festgefahren verkünden, sondern ihr Ohr am Puls der Zeit haben – auf die, die sich nicht als Wissende geben, sondern als Horchende.

Mut und Hoffnung haben

Niemals verzagt der Held: Der Bärensohn besinnt sich nach seinem Absturz – dann holt er sich die Jagdwaffe und sorgt für sein Überleben.

Die Schwester der drei Brüder gibt nicht auf: nicht in der Situation der Verlassenheit von Pajrahta, nicht wie sie den Verlust ihrer Schönheit bemerkt, nicht wie Pajrahta seine Bräute heimführt.

Die Mos-Frau weint zwar viel, aber sie gibt nicht auf: Sie sucht, bis sie findet. Als Chantimädchen vertraut sie dem Chantimann sowohl wie den Worten der Bärenmutterseele.

Der Sohn der zweiten Witwe läßt sich durch nichts abschrekken: nicht durch die Ungeheuer von wilden Tieren, nicht durch den *wohlmeinenden* Rat der Alten am Herdfeuer. Er tut, was er tun muß.

Orientierende Folgerung für uns: Nicht auf die hören, die den Untergang an die Wand malen.

Liebes- und Opferbereitschaft

Der Held ist ein hingabebereiter Liebender: Der Bärensohn schont sich nicht. Sein eigenes Fleisch schneidet er sich heraus und gibt es hin, damit sein Auftrag vollendet werden kann.

Die Schwester der drei Brüder gibt ihre Sehnen her, sie tritt Magdsdienste an. Sie trägt nicht nach. Sie liebt Pajrahta.

Die Mosfrau willigt als *himmlisches Chantimädchen* voll in ihr Schicksal ein. Sie bringt *das Kind* zur Welt und zieht es auf.

Der Sohn der zweiten Witwe weiß, was ihn auf der Reise erwartet. Dennoch macht er sich auf diesen Weg und setzt sein Leben ein – auch »um seine Freunde und Nachbarn zu erlösen«. Er gibt sich der Königstochter hin.

Orientierende Folgerung: Auf die größere Liebe schauen und sie zu vollbringen versuchen.

Das Orientierungsmodell vom Heilbringer ist immer modern, weil es so einfach ist. Wir können mit ihm auch heute die Politik, die Parteienlandschaft oder die Situation der Kirchen abklopfen.

2. Spielfeld Märchen

Mit diesen vier Märchen, die der Leser auch hören kann, bekommt er so etwas wie einen Stoff in die Hand, aus dem er nach eigenem Einfall und eigenem Antrieb sich etwas zurechtschneidern kann, das ihm *auf den Leib* paßt und angemessen ist. Die zu jedem Märchen angesprochenen Bilder in diesem Buch geben kein Deutungsschema, sie enthalten keine Festschreibungen. Sie wollen anregende Hinweise sein und als Impulse wirken, damit der vernachlässigte Bildbereich in uns wieder ins Leben kommt und in unsere Person integriert wird. Denn über Bilder wie *Haus, Berg, Loch, schöne Mädchen, Weg, Ring, rote Blume, Kleid, Pelz, Stern* und *Kind* und viele andere bekommt ein emotionales Potential in uns die Möglichkeit, sich zu bewegen. Es wird fähig, emotionale Signale in unser Bewußtsein zu senden und unseren Geist auch über den intellektuellen Engpaß hinaus zum Zuge kommen zu lassen. Der Menschengeist ist ein umfassender Geist. Er kann auch die Energien aus dem Bildreservoir unseres Unbewußten assimilieren. Dadurch werden uns Kräfte zugeführt, die das Leben reizvoll machen, die uns stark machen, damit wir die Schrecken, die nicht aus der Welt zu bringen sind, aushalten (Giegerich).

Die Kapitel dieses Buches sind nicht unbedingt dazu geeignet, hintereinander gelesen zu werden. Der Angesprochene sollte versuchen, schöpferisch und seinem eigenen Bedürfnis entsprechend damit umzugehen. Ein Vorschlag wäre: Ich höre mir ein Märchen an. Ich frage mich: Hat mich etwas angerührt? An welcher Stelle habe ich gefühlsmäßig reagiert? Dieser emotionalen Reaktion möchte ich nachgehen. An welchem *Bild* macht sich meine Emotion fest? – Angenommen, es ist zum Beispiel *Die rote Blume.* Ich warte eine gute Gelegenheit ab, wo ich ungestört bin, setze mich entspannt auf einen Stuhl an meinem Lieblingsplatz – oder auch in meine gewohnte Meditationshaltung –, lasse *alle fünfe gerade sein,* entledige mich aller Zwänge; versuche, nicht zu denken und konzentriere mich auf *Die rote Blume,* indem ich abwarte, wie sie sich in diesem Augenblick auf meinem seelischen Bildschirm darstellen möchte. In dieser Gelassenheit können sich alle Sinne beteiligen, nicht nur die innere Schau, auch Geruch und Geschmack, Gehör und Gespür beteiligen sich manchmal mit. Und im emotionalen Bereich kann sich Wohlgefühl einstellen, Freude an dem leuchtenden Rot, ein inneres Mitspüren im Aufgehen der Blütenblätter, es kann Sehnsucht oder Widerstand auftreten. Wir nehmen wahr, was sich meldet – solange wie es uns gut dünkt. Wenn die Spannung nachläßt und uns irgendwelche Phantasien aus der Intensität der Schau herausführen, dann hören wir auf. Vielleicht fühlt sich jemand dann spontan zum Malen angeregt, jemand anderes möchte etwas von dem Erlebten in Bewegung übersetzen. Es ist gut, wenn wir dem Raum geben, was wir wahrgenommen haben – auf eine ganz lockere und leichte Art, so daß uns später irgendwann das eine oder andere wieder einfallen und gegenwärtig werden kann. Der Umgang mit einem solchen *Bild* kann wie ein Tanz sein. Das *Bild* ist unser Tanzpartner. Er wird nicht geknetet und vergewaltigt, er darf sein, wie er ist – wir stellen uns auf ihn ein und machen mit, wenn die Lust dazu uns ankommt.

Vielleicht möchten wir dann einmal nachlesen, welche Hinweise zum Bildverständnis von *Rote Blume* im Buch gegeben sind. Auch diese lassen wir unverkrampft in uns wirken. Wir behalten nur, was *uns angeht.* Das spüren wir durch die mehr oder weniger starke Intensität unseres Aufmerkens beim Lesen. Was uns nicht weiter anspricht, das lassen wir los, weil es momentan für uns nicht weiter von Belang ist. Wenn wir so meditativ mit der *Roten Blume* umgegangen sind, können wir ihr dann noch im Umfeld des Erzählgeschehens nachsinnen. Möglicherweise verbindet sich dann eine emotionale Regung mit der Bärin, die die rote Blume frißt. Dann können wir mit dem Bild *Bärin* das gleiche Spiel probieren.

Auf diese Weise lernen wir allmählich immer besser, die emotionalen Signale aus unseren tiefer liegenden Seelenschichten zu beachten. Wir können uns auf ein heiter-ernstes Spiel mit ihnen einlassen. Dieser Umgang mit den meist unbeachteten Regungen unserer selbst wird uns wohltun. Er ist imstande, uns zu beleben und frischen Schwung zu geben. Wenn wir dann auf diese Art und Weise mit unserem Märchen weiter verfahren, könnte es über eine Zeitlang unser Begleiter werden. Es bekäme die Möglichkeit, uns durch diese Bilder anzuregen, wir hätten Gelegenheit gefunden, unsere emotionale Situation besser wahrzunehmen, würden vielleicht in die Lage versetzt, dies oder jenes Bild in verschiedene Bereiche *durch*schauen zu lernen. Es könnte sich im Ganzen des Märchens der Sinnzusammenhang für uns verändern – es ergäbe sich ein reizvolles Spiel mit Märchen.

Dieses Spiel kann man allein spielen, aber auch zu zweit. Es könnte sich ein Partnerspiel ergeben, in dessen Verlauf Männliches und Weibliches – männlicher und weiblicher Geistimpuls – bei Frau und Mann einander begegnen und anregen. Es ist dies eine sehr schöne Kommunikationsmöglichkeit für Paare. Wer über längere Zeit allein oder mit einem Partner in die Übung gekommen ist, könnte auch Freunde zu diesem Spiel einladen. Wir haben doch alle ein Bedürfnis nach Partizipation aneinander. Die anonymen Tageskontakte und die geschäftsmäßigen Begegnungen geben uns keinen inneren Frieden. Wir fühlen uns unterernährt und suchen herum – aber jeder scheint für sich allein in seinem Einzimmerappartement zurückgezogen. Die Welt erscheint liebeleer. Das Märchenspiel könnte die Chance für eine Partizipation auf der Seelenebene bereithalten. Nur das Verlangen, sich seelisch-geistig am Leben zu halten, ist nötig und die Bereitschaft, sich auf dieser Ebene auch engagieren zu wollen.

Ich habe seit fünfzehn Jahren in mindestens 200 drei- bis sechstägigen Seminaren dieses Modell ausprobiert und seine Wirkung an mir und anderen erfahren. Es eignet sich nicht unbedingt für jeden. Aber es bietet eine Alternative zu der intellektuellen Beanspruchung, der wir alle ziemlich einseitig unterliegen und die nur einen Teil unserer personalen Kräfte aktiviert.

Literaturverzeichnis

Bachofen, Johann Jakob: Das Mutterrecht. Frankfurt 1975.
  ders.: Der Bär in den Religionen des Altertums. Basel 1863.
Barko-Nagy, M.: Die Sprache des Bärenkultes im Obugrischen. Budapest 1979.
Becker, Gerhold: Die Ursymbole in den Religionen. Graz 1987.
Beit, Hedwig von: Symbolik des Märchens. Bern [5]1975.
Böhme, Jakob: Christosophia. Freiburg 1975.
Chardin, Teilhard de: Der göttliche Bereich. Olten und Freiburg 1962.
Cooper, J. C.: Lexikon der traditionellen Symbole. Leipzig und Wiesbaden 1986.
Deutsches Wörterbuch von Jacob und Wilhelm Grimm. München 1984.
Eliade, Mircea: Die Religionen und das Heilige. Frankfurt 1986.
  ders.: Schamanismus und archaische Ekstasetechnik. Frankfurt 1982.
Enzyklopädie des Märchens. Berlin 1975 (Band 1).
Franz, Marie-Luise von: Die Visionen des Niklaus von Flüe. Zürich [3]1983.
Frazer, James George: Der goldene Zweig, Band 1 und 2. Frankfurt 1977.
Frobenius, Leo: Kulturgeschichte Afrikas. Zürich 1933.
Grimm, Jakob: Deutsche Mythologie. Band 1 bis 3. Frankfurt 1981.
Handwörterbuch des deutschen Aberglaubens. Berlin 1987.
Heinz-Mohr, Gerd: Wörterbuch biblischer Bilder und Symbole. München 1973.
Herder Lexikon Symbole. Freiburg 1978.
Hildegard von Bingen: Welt und Mensch. Salzburg 1965.
Jung, Carl Gustav: Werke. Band 9/I. Olten [2]1976.
  ders.: Werke. Band 17. Olten 1978.
  ders.: Grundwerk. Band 4. Olten [2]1987.
König, Marie E. P.: Am Anfang der Kultur. Frankfurt 1981.
Kroker, Ernst: Katechismus der Mythologie. Leipzig 1891.
Lorenz, Erika: Der nahe Gott. Freiburg 1985.
Lurker, Manfred: Wörterbuch biblischer Bilder und Symbole. München 1973.
  ders.: Götter und Symbole der alten Ägypter. Bern, München, Wien 1974.
Magnis-Suseno, Franz: Javanische Weisheit und Ethik. München 1981.

Neumann, Erich: Die große Mutter. Olten 1974.

Novalis: Schriften. Band 3. Darmstadt 1968.

Patkanov, S.: Die Irtysch-Ostjaken und ihre Volkspoesie. Teil 1 und 2. St. Petersburg 1897 und 1900.

Rech, Photina: Inbild des Kosmos. Band 1 und 2. Salzburg 1966.

Röhrich, Lutz: Lexikon der sprichwörtlichen Redensarten. Freiburg 1974.

Saint Exupéry, Antoine de: Wind, Sand und Sterne.

Schliephacke, Bruno: Bildersprache der Seele. Berlin o.J.

Schmidt, Heinrich und Margarethe: Die vergessene Bildsprache christlicher Kunst. München ^{3}1984.

Schwabe, Julius: Archetyp und Tierkreis. Basel 1951.

Steinitz, Wolfgang: Ostjakische Volksdichtung und Erzählungen. Tartu 1939.

Vonessen, Franz: Mythos und Wahrheit. Frankfurt ^{2}1972.

Weis, Adolf: Die Madonna Platytera. Königstein im Taunus 1985.

Quellennachweis

Die Texte der Märchen »Der Bärensohn« (S. 30 ff.), »Die Schwester der drei Brüder« (S. 59 ff.) und »Die Mos-Frau« (S. 87 ff.) sind dem Band »Sibirische Märchen«, Eugen Diederichs Verlag, München 1968, der Text des Märchens »Der rote Riese« (S. 123 ff.) dem Band »Schottische Volksmärchen«, Eugen Diederichs Verlag, München ^{2}1972, entnommen.